AF389993

FRACTIONS

ET

PROBLÈMES RÉSOLUS PAR L'UNITÉ

Tout exemplaire qui ne sera pas revêtu des trois signatures ci-dessous sera réputé contrefait.

Les Éditeurs,

FRACTIONS

ET

PROBLÈMES RÉSOLUS PAR L'UNITÉ

COURS MOYEN — IIIᵉ PARTIE

CHEZ LES ÉDITEURS

TOURS
ALFRED MAME ET FILS
Imprimeurs-Libraires

PARIS
CH. POUSSIELGUE
Rue Cassette 15

FRACTIONS ET PROBLÈMES

DÉFINITION DES FRACTIONS

1 *Qu'est-ce qu'une fraction?*

Une FRACTION est une ou plusieurs parties d'une unité divisée en un certain nombre de parties égales.

Par exemple, si l'on divisait une ligne en cinq parties égales, chaque partie serait une fraction de la ligne, et se nommerait un cinquième; si l'on en prenait trois, on aurait trois cinquièmes.

2 *Comment représente-t-on les fractions?*

On représente les fractions par deux nombres placés l'un au-dessous de l'autre, et séparés par un trait.

Ex. Un cinquième s'écrit $\frac{1}{5}$; trois cinquièmes $\frac{3}{5}$.

3 *Comment lit-on une fraction?*

On lit d'abord le terme supérieur, puis le terme inférieur, en y ajoutant la terminaison *ième*.

Ex. $\frac{1}{5}$ se lit un cinquième; $\frac{7}{8}$, sept huitièmes.

4 *Quels sont les dénominateurs qu'on ne lit pas avec la terminaison* ième?

Ce sont les dénominateurs 2, 3 et 4, qu'on lit demi, tiers, quart.

Ex. $\frac{1}{2}$ se lit un demi; $\frac{2}{3}$, deux tiers; $\frac{3}{4}$, trois quarts.

5 *Comment se nomment les deux termes d'une fraction?*

Le terme supérieur d'une fraction se nomme NUMÉRATEUR, et le terme inférieur, DÉNOMINATEUR.

6 *Qu'indique le numérateur?*

Le numérateur indique combien la fraction contient de parties égales de l'unité.

7 *Qu'indique le dénominateur?*

le dénominateur indique en combien de parties égale l'unité est divisée.

Exemple. Soit la fraction $\frac{3}{5}$. Le numérateur 3 indique

qu'on a 3 parties de l'unité; le dénominateur 5 indique
que l'unité est divisée en 5 parties égales.

PRINCIPES SUR LES FRACTIONS

8 *De deux fractions qui ont le même dénomina-*
teur, quelle est la plus grande?

C'est celle qui a le plus grand numérateur.

Ex. La fraction $\frac{4}{7}$ est plus grande que la fraction
$\frac{3}{7}$; car la première contient 4 fois la septième partie de
l'unité, tandis que la seconde ne contient que 3 de ces
mêmes parties.

9 *De deux fractions qui ont le même numéra-*
teur, quelle est la plus grande?

C'est celle qui a le plus petit dénominateur.

Ex. La fraction $\frac{3}{4}$ est plus grande que la fraction
$\frac{3}{5}$, parce que $\frac{1}{4}$ est plus grand que $\frac{1}{5}$; et, par suite, que 3
fois $\frac{1}{4}$ ou $\frac{3}{4}$ sont plus grands que 3 fois $\frac{1}{5}$ ou $\frac{3}{5}$.

10 *Comment peut-on rendre une fraction* 2, 3,
4... *fois plus grande?*

De deux manières différentes:

1° En multipliant le numérateur de la fraction
par 2, 3, 4... etc.

2° Ou bien, quand il est possible, en divisant le
dénominateur par 2, 3, 4... etc.

Soit à rendre 3 fois plus forte la fraction $\frac{5}{6}$.

1° En multipliant le numérateur par 3, j'obtiens
la fraction $\frac{15}{6}$, qui est 3 fois plus forte que $\frac{5}{6}$, parce
qu'elle contient 3 fois plus de sixièmes.

2° En divisant le dénominateur par 3, j'obtiens
$\frac{5}{2}$, fraction 3 fois plus forte que $\frac{5}{6}$, parce que les sixièmes
sont devenus des demis, c'est-à-dire ont été rendus 3
fois plus forts.

11. *Comment peut-on rendre une fraction* 2, 3,
4... *fois plus petite?*

De deux manières différentes :

1° En multipliant le dénominateur de la fraction
par 2, 3, 4..., etc.

2° Ou bien, quand il est possible, en divisant le numérateur par 2, 3, 4..., etc.

Soit à rendre 3 fois plus petite la fraction $\frac{6}{7}$.

1° En multipliant le dénominateur par 3, j'obtiens $\frac{6}{21}$, fraction 3 fois plus petite que $\frac{6}{7}$, parce que les septièmes sont devenus des vingt et unièmes, c'est-à-dire ont été rendus 3 fois moindres.

2° En divisant le numérateur par 3, j'obtiens la fraction $\frac{2}{7}$, qui est 3 fois plus petite que $\frac{6}{7}$, parce qu'elle contient 3 fois moins de septièmes.

12. *Change-t-on la valeur d'une fraction lorsqu'on multiplie ses deux termes par un même nombre?*

On ne change point la valeur d'une fraction lorsqu'on multiplie ses deux termes par un même nombre.

Soit la fraction $\frac{6}{8}$.

En multipliant le numérateur par 2, on rend la fraction 2 fois plus forte; mais en multipliant le dénominateur par 2, on la rend 2 fois plus petite : la fraction ne change donc point de valeur, c'est-à-dire que $\frac{12}{16}$ égalent $\frac{6}{8}$.

13 *Change-t-on la valeur d'une fraction lorsqu'on divise ses deux termes par le même nombre?*

On ne change point la valeur d'une fraction lorsqu'on divise ses deux termes par un même nombre.

Soit la fraction $\frac{6}{8}$.

En divisant le numérateur par 2, on rend la fraction 2 fois plus petite; mais en divisant le dénominateur par 2, on la rend 2 fois plus grande : la fraction ne change donc point de valeur, c'est-à-dire que $\frac{3}{4}$ égalent $\frac{6}{8}$.

14 *Comment peut-on exprimer un quotient sous forme de fraction?*

C'est en prenant le dividende pour numérateur et le diviseur pour dénominateur.

Soit à diviser 3 par 8, l'opération se réduit à prendre la huitième partie de trois unités; or, la huitième partie d'une unité s'écrit $\frac{1}{8}$, celle de trois unités s'écrit $\frac{3}{8}$; le terme supérieur représente donc le dividende; le terme inférieur, le diviseur, et la fraction, le quotient.

EXPRESSIONS ET NOMBRES FRACTIONNAIRES

15 *Qu'est-ce qu'une expression fractionnaire ?*

Une expression fractionnaire est un nombre entier mis sous forme de fraction.

Ex. $\frac{3}{3}$, qui valent un entier ; $\frac{8}{4}$, qui valent 2 fois $\frac{4}{4}$ ou 2 entiers, etc.

16 *Qu'est-ce qu'un nombre fractionnaire ?*

Un nombre fractionnaire est un nombre qui comprend une partie entière et une fraction.

Ex. $\frac{9}{7}$, qui comprend un entier plus $\frac{2}{7}$.

17 *Que faut-il faire pour réduire un nombre entier en expression fractionnaire ?*

Pour réduire un nombre entier en expression fractionnaire, on multiplie le dénominateur donné par ce nombre entier.

1er *Ex.* Réduisez 3 entiers en quarts.

Un entier contient 4 quarts, 3 entiers contiennent 3 fois 4 quarts ou $\frac{12}{4}$.

2e *Ex.* Réduisez 5 $\frac{2}{3}$ en tiers.

Un entier vaut 3 tiers ; 5 entiers en valent $3 \times 5 = 15$; en ajoutant $\frac{2}{3}$, on obtient $\frac{17}{3}$.

18 *Que faut-il faire pour extraire les entiers d'un nombre fractionnaire ou d'une expression fractionnaire ?*

On divise le numérateur par le dénominateur ; le quotient donne les entiers ; le reste, s'il y en a un, est le numérateur d'une fraction qui a pour dénominateur celui du nombre fractionnaire.

1er *Ex.* Cherchez les entiers contenus dans $\frac{12}{4}$.

Quatre quarts valent 1 entier ; $\frac{12}{4}$ valent donc autant d'entiers que 12 contient de fois 4, c'est-à-dire 3 entiers.

2e *Ex.* Cherchez les entiers contenus dans $\frac{147}{8}$.

$\frac{8}{8}$ égalent 1 entier ; $\frac{147}{8}$ contiennent donc autant d'entiers que 147 contient de fois 8. En divisant 147 par 8, on obtient 18 pour quotient et 3 pour reste : ce reste exprime évidemment des huitièmes comme le dividende : donc $\frac{147}{8} = 18$ entiers $\frac{3}{8}$.

SIMPLIFICATION DES FRACTIONS

19 *Qu'est-ce que simplifier une fraction?*

Simplifier une fraction, c'est exprimer sa valeur par de moindres termes.

Soit la fraction $\frac{12}{24}$.

On la simplifie en divisant successivement ses deux termes par 2, ce qui donne les fractions suivantes : $\frac{6}{12}$, $\frac{3}{6}$, $\frac{1}{2}$.

20 *Qu'est-ce que réduire une fraction à sa plus simple expression?*

Réduire une fraction à sa plus simple expression, c'est exprimer sa valeur par les moindres termes possibles.

Soit la fraction $\frac{12}{24}$.

Si l'on divise successivement ses deux termes par 2 puis par 3, chacune des fractions $\frac{6}{12}$, $\frac{3}{6}$, $\frac{1}{2}$ est une plus simple expression de $\frac{12}{24}$; mais c'est $\frac{1}{2}$ qui en est la plus simple expression.

21 *Que faut-il faire pour réduire une fraction à sa plus simple expression?*

Pour réduire une fraction à sa plus simple expression, on divise le numérateur et le dénominateur par un même nombre, et l'on répète successivement cette opération sur les deux termes de la fraction résultante, jusqu'à ce qu'on obtienne une fraction dont les deux termes n'aient aucun facteur commun (1).

Soit la fraction $\frac{36}{54}$.

Les deux termes de cette fraction divisés par 2 donnent $\frac{18}{27}$; ceux-ci, divisés par 3, donnent $\frac{6}{9}$; et ces derniers, divisés par 3, donnent $\frac{2}{3}$ pour la plus simple expression de $\frac{36}{54}$.

______

(1) Voyez page 25 de la petite Arithmétique les caractères de divisibilité d'un nombre quelconque par les premiers nombres 2, 3, 4, 5, 6, 8 et 9.

RÉDUCTION DES FRACTIONS AU MÊME DÉNOMINATEUR

22 *Que faut-il faire pour réduire deux fractions au même dénominateur ?*

Pour réduire deux fractions au même dénominateur, on multiplie les deux termes de chaque fraction par le dénominateur de l'autre.

Soient $\frac{2}{3}$, $\frac{4}{5}$ $\frac{2 \times 5}{3 \times 5} = \frac{10}{15}$ $\frac{4 \times 3}{5 \times 3} = \frac{12}{15}$.

Je multiplie 2 et 3, qui sont les deux termes de la première fraction, chacun par 5, le dénominateur de la seconde, et j'obtiens $\frac{10}{15}$, qui a même valeur que $\frac{2}{3}$.

Je multiplie de même les deux termes 4 et 5 de la seconde fraction, chacun par 3, dénominateur de la première, et j'obtiens $\frac{12}{15}$, qui a même valeur que $\frac{4}{5}$.

23 *Si l'on a plus de deux fractions à réduire au même dénominateur, que faut-il faire ?*

Si l'on a plus de deux fractions à réduire au même dénominateur, on multiplie les deux termes de chacune par le produit des dénominateurs des autres fractions.

Soient les fractions $\frac{2}{3}$, $\frac{4}{5}$, $\frac{6}{7}$.

$$5 \times 7 = 35 \qquad \frac{2 \times 35}{3 \times 35} = \frac{70}{105}$$
$$3 \times 7 = 21 \qquad \frac{4 \times 21}{5 \times 21} = \frac{84}{105}$$
$$3 \times 5 = 15 \qquad \frac{6 \times 15}{7 \times 15} = \frac{90}{105}$$

Pour la 1re fraction $\frac{2}{3}$, je multiplie ses deux termes 2 et 3 par 35, produit des autres dénominateurs 5 et 7, et j'obtiens $\frac{70}{105}$, qui a même valeur que $\frac{2}{3}$.

Pour la 2e fraction $\frac{4}{5}$, je multiplie ses deux termes 4 et 5 par 21, produit des autres dénominateurs 3 et 7, et j'obtiens $\frac{84}{105}$, qui a même valeur que $\frac{4}{5}$.

Enfin, pour la 3e, je multiplie ses deux termes par 15, produit des autres dénominateurs, et j'obtiens $\frac{90}{105}$, qui a même valeur que $\frac{6}{7}$.

ADDITION DES FRACTIONS

24 *Comment fait-on l'addition des fractions, lors-qu'elles ont le même dénominateur ?*

On additionne les numérateurs, et on donne à leur somme le dénominateur commun.

Ex. Soit à additionner $\frac{1}{8}$, $\frac{3}{8}$, $\frac{5}{8}$. J'additionne les numérateurs 1, 3, 5, et j'obtiens $\frac{9}{8}$, ou 1 entier $\frac{1}{8}$.

25 *Comment fait-on l'addition des fractions lors-qu'elles n'ont pas le même dénominateur ?*

On commence par réduire les fractions au même dénominateur, et l'on additionne ensuite ces nou-velles fractions.

Soit à faire l'addition des fractions $\frac{2}{3}$, $\frac{4}{5}$, $\frac{6}{7}$.

$$\text{Addition des numérat.}$$

$$\frac{2\times 35}{3\times 35} = \frac{70}{105} \qquad 70$$
$$\frac{4\times 21}{5\times 21} = \frac{84}{105} \qquad 84$$
$$\frac{6\times 15}{7\times 15} = \frac{90}{105} \qquad \frac{90}{244} \qquad \text{R. } \frac{244}{105} = 2 \text{ ent. } \frac{34}{105}.$$

26 *Comment fait-on l'addition, lorsqu'il y a des fractions jointes aux entiers ?*

On additionne d'abord les fractions, puis les en-tiers, et l'on joint les deux sommes.

Ex. Soit à additionner $2\frac{1}{3}$, $5\frac{3}{4}$, $6\frac{4}{5}$.

$$\text{Addition des numérat.}$$

$$2 \quad \frac{1\times 20}{3\times 20} = \frac{20}{60} \qquad 20$$
$$5 \quad \frac{3\times 15}{4\times 15} = \frac{45}{60} \qquad 45$$
$$6 \quad \frac{4\times 12}{5\times 12} = \frac{48}{60} \qquad \frac{48}{113}\ldots\ldots \quad \text{Somme des fractions}$$

$$\frac{113}{60} = 1 \text{ ent. } \frac{53}{60}.$$

$$\frac{13}{1\ \frac{53}{60}}$$

R. 14 $\frac{53}{60}$

OUSTRACTION DES FRACTIONS

27 *Comment fait-on la soustraction de deux fractions qui ont le même dénominateur?*

On fait la soustraction des deux numérateurs, et l'on donne au reste le dénominateur commun.

Ex. Soit à retrancher $\frac{3}{8}$ de $\frac{5}{8}$, je retranche 3 de 5, et j'obtiens pour réponse $\frac{2}{8}$.

28 *Comment fait-on la soustraction de deux fractions qui n'ont pas le même dénominateur?*

On réduit les fractions au même dénominateur, et l'on soustrait ensuite les nouvelles fractions.

Ex. Soit à retrancher $\frac{2}{5}$ de $\frac{3}{4}$.

Je réduis ces fractions au même dénominateur.

$$\frac{3 \times 5}{4 \times 5} = \frac{15}{20} \qquad \frac{2 \times 4}{5 \times 4} = \frac{8}{20}$$

Soustraction des numérat.

$$\begin{array}{c} 15 \\ 8 \\ \hline 7 \end{array} \qquad \text{R. } \frac{7}{20}.$$

Je retranche les numérateurs, et j'obtiens $\frac{7}{20}$.

29 *Quel est le procédé le plus simple pour faire la soustraction des nombres fractionnaires?*

C'est d'exprimer chaque nombre par une fraction.

Ex. De $5\frac{2}{3}$ ôtez $2\frac{4}{5}$.

$5\frac{2}{3} = \frac{17}{3}$, et $2\frac{4}{5} = \frac{14}{5}$. Je réduis au même dénominateur $\frac{17}{3}$ et $\frac{14}{5}$, puis je retranche les numérateurs

Soustraction des numérat.

$$\frac{17 \times 5}{3 \times 5} = \frac{85}{15} \qquad \frac{14 \times 3}{5 \times 3} = \frac{42}{15}$$

$$\begin{array}{c} 85 \\ 42 \\ \hline 43 \end{array} \qquad \text{R. } \frac{43}{15} = 2\frac{13}{15}.$$

30. REMARQUE. Lorsque la plus petite des deux fractions est au petit nombre, il est aussi simple de retrancher d'abord les fractions entre elles, puis les entiers, et de joindre les résultats.

MULTIPLICATION DES FRACTIONS

31 *Quelle est la règle générale pour la multiplication des fractions ?*

On met chaque facteur sous forme de fraction et l'on multiplie numérateur par numérateur et dénominateur par dénominateur (1).

1° Soit $\frac{2}{3} \times 4$.   4 mis sous forme de fraction $= \frac{4}{1}$,

d'où $\frac{2}{3} \times 4 = \frac{2}{3} \times \frac{4}{1} = \frac{2 \times 4}{3 \times 1} = \frac{8}{3} =$ R. $2 \frac{2}{3}$.

2° Soit $2 \times \frac{3}{5}$.   2 mis sous forme de fraction $= \frac{2}{1}$,

d'où $2 \times \frac{3}{5} = \frac{2}{1} \times \frac{3}{5} = \frac{2 \times 3}{1 \times 5} = \frac{6}{5} =$ R. $1 \frac{1}{5}$.

3° Soit $3 \frac{1}{2} \times 2 \frac{3}{4}$. $3 \frac{1}{2} = \frac{7}{2}$; et $2 \frac{3}{4} = \frac{11}{4}$.

d'où $3 \frac{1}{2} \times 2 \frac{3}{4} = \frac{7}{2} \times \frac{11}{4} = \frac{7 \times 11}{2 \times 4} = \frac{77}{8} =$ R. $9 \frac{5}{8}$.

DIVISION DES FRACTIONS

32 *Quelle est la règle générale pour la division des fractions ?*

On met le dividende et le diviseur sous forme de fractions, et l'on multiplie la fraction dividende par la fraction diviseur renversée (1).

1° Soit $\frac{3}{5} : 4$.   4 mis sous forme de fraction $= \frac{4}{1}$,

d'où $\frac{3}{5} : 4 = \frac{3}{5} : \frac{4}{1} = \frac{3}{5} \times \frac{1}{4} =$ R. $\frac{3}{20}$.

2° Soit $5 : \frac{3}{4}$.   5 mis sous forme de fraction $= \frac{5}{1}$,

d'où $5 : \frac{3}{4} = \frac{5}{1} : \frac{3}{4} = \frac{5}{1} \times \frac{4}{3} = \frac{20}{3} =$ R. $6 \frac{2}{3}$.

3° Soit $4 \frac{2}{3} : 2 \frac{3}{5}$. $4 \frac{2}{3} = \frac{14}{3}$; et $2 \frac{3}{5} = \frac{13}{5}$,

d'où $4 \frac{2}{3} : 2 \frac{3}{5} = \frac{14}{3} : \frac{13}{5} = \frac{14}{3} \times \frac{5}{13} = \frac{70}{39} =$ R. $1 \frac{31}{39}$.

RÉDUCTION DES FRACTIONS ORDINAIRES EN DÉCIMALES

33 *Que faut-il faire pour réduire une fraction ordinaire en fraction décimale ?*

Pour réduire une fraction ordinaire en fraction décimale, on divise le numérateur par le dénominateur.

Ex. Soit à réduire $\frac{8}{25}$ *en fraction décimale.*
Je divise 8 par 25, et j'obtiens 0,32 pour fraction décimale ayant même valeur que $\frac{8}{25}$.

---

(1) Le cours supérieur donnera les règles de chaque cas.

ÉCRIVEZ EN UNE EXPRESSION FRACTIONNAIRE LA VALEUR DE CHACUN DES NOMBRES ENTIERS SUIVANTS

1	3 unités en demis.		7	6 unités en 5es.
2	4 unités en tiers.		8	8 unités en 6es.
3	5 unités en demis.		9	9 unités en 7es.
4	6 unités en quarts		10	10 unités en 8es.
5	8 unités en tiers.		11	12 unités en 6es.
6	9 unités en quarts.		12	15 unités en 9es.

REPRÉSENTEZ CHACUNE DES VALEURS SUIVANTES PAR UN NOMBRE FRACTIONNAIRE

13	$4\,\frac{1}{2}$		19	$7\,\frac{3}{7}$		25	$7\,\frac{5}{8}$		31	$5\,\frac{9}{11}$
14	$5\,\frac{2}{3}$		20	$4\,\frac{2}{3}$		26	$9\,\frac{3}{5}$		32	$6\,\frac{9}{13}$
15	$8\,\frac{3}{4}$		21	$2\,\frac{4}{7}$		27	$7\,\frac{4}{7}$		33	$9\,\frac{7}{10}$
16	$9\,\frac{2}{5}$		22	$7\,\frac{1}{2}$		28	$8\,\frac{5}{9}$		34	$5\,\frac{12}{13}$
17	$6\,\frac{5}{7}$		23	$6\,\frac{4}{5}$		29	$9\,\frac{3}{4}$		35	$7\,\frac{14}{15}$
18	$9\,\frac{3}{8}$		24	$7\,\frac{2}{3}$		30	$4\,\frac{3}{8}$		36	$8\,\frac{14}{19}$

INDIQUEZ LES ENTIERS CONTENUS DANS LES EXPRESSIONS SUIVANTES, ET DONNEZ LE RESTE, S'IL Y A LIEU

37	$\frac{6}{2}$		43	$\frac{10}{3}$		49	$\frac{19}{6}$		55	$\frac{11}{3}$
38	$\frac{12}{4}$		44	$\frac{18}{7}$		50	$\frac{34}{8}$		56	$\frac{17}{5}$
39	$\frac{15}{3}$		45	$\frac{15}{6}$		51	$\frac{42}{5}$		57	$\frac{48}{16}$
40	$\frac{20}{5}$		46	$\frac{14}{8}$		52	$\frac{12}{7}$		58	$\frac{47}{7}$
41	$\frac{28}{4}$		47	$\frac{22}{5}$		53	$\frac{23}{6}$		59	$\frac{50}{6}$
42	$\frac{54}{6}$		48	$\frac{21}{4}$		54	$\frac{24}{5}$		60	$\frac{61}{9}$

RÉDUISEZ LES FRACTIONS SUIVANTES A LEUR PLUS SIMPLE EXPRESSION

61	$\frac{4}{6}$	67	$\frac{8}{14}$	73	$\frac{16}{36}$	79	$\frac{630}{1350}$
62	$\frac{2}{10}$	68	$\frac{12}{15}$	74	$\frac{42}{54}$	80	$\frac{180}{450}$
63	$\frac{15}{21}$	69	$\frac{18}{20}$	75	$\frac{56}{60}$	81	$\frac{1380}{4000}$
64	$\frac{25}{35}$	70	$\frac{15}{18}$	76	$\frac{32}{84}$	82	$\frac{600}{1500}$
65	$\frac{21}{27}$	71	$\frac{14}{35}$	77	$\frac{60}{90}$	83	$\frac{882}{1050}$
66	$\frac{26}{28}$	72	$\frac{50}{55}$	78	$\frac{72}{80}$	84	$\frac{9702}{22050}$

RÉDUISEZ A UN MÊME DÉNOMINATEUR CHACUN DES EXERCICES SUIVANTS

85	$\frac{1}{2}, \frac{1}{3}$	91	$\frac{3}{4}, \frac{2}{5}$	97	$\frac{2}{5}, \frac{6}{7}$	103	$\frac{3}{5}, \frac{2}{7}$
86	$\frac{1}{4}, \frac{1}{5}$	92	$\frac{4}{5}, \frac{3}{7}$	98	$\frac{7}{9}, \frac{3}{8}$	104	$\frac{4}{9}, \frac{2}{11}$
87	$\frac{1}{6}, \frac{1}{7}$	93	$\frac{2}{3}, \frac{5}{8}$	99	$\frac{9}{11}, \frac{2}{5}$	105	$\frac{2}{3}, \frac{3}{4}$
88	$\frac{1}{2}, \frac{4}{5}$	94	$\frac{4}{5}, \frac{5}{9}$	100	$\frac{3}{7}, \frac{4}{5}$	106	$\frac{2}{3}, \frac{4}{5}$
89	$\frac{3}{4}, \frac{1}{7}$	95	$\frac{5}{6}, \frac{3}{7}$	101	$\frac{8}{9}, \frac{5}{7}$	107	$\frac{1}{2}, \frac{4}{6}$
90	$\frac{2}{3}, \frac{4}{5}$	96	$\frac{4}{7}, \frac{2}{9}$	102	$\frac{1}{5}, \frac{4}{9}$	108	$\frac{1}{2}, \frac{2}{2}$

109	$\frac{2}{3}, \frac{3}{4}, \frac{4}{5}$	115	$\frac{1}{2}, \frac{3}{5}, \frac{5}{6}$	121	$\frac{1}{3}, \frac{3}{4}, \frac{5}{6}$
110	$\frac{2}{3}, \frac{1}{5}, \frac{4}{7}$	116	$\frac{2}{7}, \frac{1}{4}, \frac{2}{5}$	122	$\frac{2}{3}, \frac{5}{5}, \frac{3}{8}$
111	$\frac{1}{2}, \frac{4}{5}, \frac{4}{9}$	117	$\frac{2}{5}, \frac{5}{6}, \frac{4}{7}$	123	$\frac{5}{6}, \frac{5}{8}, \frac{7}{12}$
112	$\frac{1}{2}, \frac{2}{3}, \frac{6}{7}$	118	$\frac{1}{4}, \frac{1}{2}, \frac{2}{5}$	124	$\frac{5}{6}, \frac{7}{12}, \frac{9}{16}$
113	$\frac{4}{7}, \frac{2}{5}, \frac{1}{2}$	119	$\frac{1}{2}, \frac{3}{5}, \frac{4}{7}$	125	$\frac{1}{5}, \frac{3}{10}, \frac{7}{15}$
114	$\frac{2}{3}, \frac{3}{4}, \frac{5}{6}$	120	$\frac{1}{3}, \frac{2}{7}, \frac{4}{9}$	126	$\frac{2}{3}, \frac{3}{8}, \frac{7}{18}$

POUR AVOIR DES ADDITIONS DE DEUX ET DE TROIS FRAC-
TIONS, ADDITIONNEZ CHACUN DES EXERCICES DONNÉS POUR
LA QUATRIÈME RÉDUCTION, NUMÉROS 85 A 126.

127	$3\frac{1}{4} + 5\frac{3}{4}$	135	$12\frac{5}{6} + 4\frac{5}{9} + 3\frac{1}{2}$
128	$8\frac{1}{6} + 9\frac{5}{6}$	136	$16\frac{1}{2} + 9\frac{4}{5} + 2\frac{2}{3}$
129	$4\frac{3}{5} + 12\frac{4}{9}$	137	$27\frac{1}{2} + 8\frac{4}{5} + 9\frac{3}{7}$
130	$4\frac{4}{7} + 2\frac{3}{5}$	138	$14\frac{1}{7} + 2\frac{2}{3} + 6\frac{3}{5}$
131	$2\frac{3}{7} + 7\frac{2}{3}$	139	$7\frac{4}{5} + 5\frac{2}{3} + 3\frac{4}{5}$
132	$9\frac{1}{2} + 1\frac{5}{6}$	140	$8\frac{4}{5} + 9\frac{7}{9} + 4\frac{5}{7}$
133	$4\frac{5}{6} + 3\frac{2}{3}$	141	$19\frac{3}{5} + 2\frac{3}{7} + 5\frac{8}{9}$
134	$5\frac{5}{6} + 4\frac{3}{4}$	142	$4\frac{1}{4} + 8\frac{2}{5} + 6\frac{7}{11}$

SOUSTRACTION DES FRACTIONS

143	$\frac{3}{4} - \frac{1}{4}$	153	$14\frac{2}{3} - 9$	163	$6\frac{1}{3} - 5\frac{1}{6}$
144	$\frac{6}{7} - \frac{3}{5}$	154	$15\frac{1}{2} - 7$	164	$4\frac{2}{5} - 3\frac{3}{7}$
145	$\frac{1}{2} - \frac{1}{3}$	155	$24\frac{3}{4} - 19$	165	$9\frac{3}{7} - 2\frac{3}{8}$
146	$\frac{1}{3} - \frac{1}{4}$	156	$35\frac{2}{5} - 27$	166	$6\frac{5}{7} - 4\frac{5}{9}$
147	$\frac{2}{3} - \frac{1}{2}$	157	$43\frac{3}{7} - 39$	167	$7\frac{1}{3} - 2\frac{3}{10}$
148	$\frac{3}{4} - \frac{2}{3}$	158	$4 - \frac{1}{2}$	168	$4\frac{3}{7} - 2\frac{1}{4}$
149	$\frac{4}{5} - \frac{1}{2}$	159	$7 - \frac{2}{3}$	169	$5\frac{3}{7} - 2\frac{4}{7}$
150	$\frac{4}{5} - \frac{3}{4}$	160	$1 - \frac{3}{4}$	170	$8\frac{1}{9} - 5\frac{4}{3}$
151	$\frac{6}{7} - \frac{3}{4}$	161	$5 - \frac{2}{5}$	171	$4\frac{1}{3} - 2\frac{9}{5}$
152	$\frac{7}{8} - \frac{3}{5}$	162	$4 - \frac{3}{8}$	172	$6\frac{2}{5} - 3\frac{1}{7}$

MULTIPLICATION DES FRACTIONS

173	$\frac{1}{2} \times 3$	193	$\frac{1}{2} \times \frac{1}{3}$	213	$1\frac{1}{2} \times 1\frac{3}{4}$
174	$\frac{2}{3} \times 5$	194	$\frac{1}{4} \times \frac{2}{3}$	214	$4\frac{1}{3} \times 7\frac{1}{5}$
175	$\frac{3}{5} \times 8$	195	$\frac{3}{4} \times \frac{1}{2}$	215	$8\frac{2}{3} \times 4\frac{2}{5}$
176	$\frac{3}{4} \times 9$	196	$\frac{2}{3} \times \frac{3}{5}$	216	$9\frac{1}{5} \times 2\frac{1}{4}$
177	$\frac{4}{7} \times 3$	197	$\frac{3}{4} \times \frac{5}{7}$	217	$7\frac{2}{3} \times 1\frac{3}{4}$
178	$\frac{5}{9} \times 5$	198	$\frac{5}{6} \times \frac{2}{3}$	218	$8\frac{2}{5} \times 9\frac{2}{7}$
179	$\frac{3}{4} \times 2$	199	$\frac{2}{5} \times \frac{1}{2}$	219	$4\frac{1}{6} \times 7\frac{1}{5}$
180	$\frac{2}{3} \times 3$	200	$\frac{6}{7} \times \frac{2}{3}$	220	$1\frac{3}{7} \times 2\frac{3}{4}$
181	$\frac{7}{10} \times 5$	201	$\frac{8}{9} \times \frac{3}{4}$	221	$4\frac{1}{5} \times 1\frac{3}{7}$
182	$\frac{3}{4} \times 4$	202	$\frac{2}{3} \times \frac{5}{6}$	222	$5\frac{2}{3} \times 1\frac{1}{2}$
183	$3 \times \frac{1}{2}$	203	$\frac{5}{7} \times \frac{2}{5}$	223	$3\frac{2}{5} \times 6\frac{3}{9}$
184	$8 \times \frac{2}{3}$	204	$\frac{3}{4} \times \frac{2}{3}$	224	$1\frac{2}{5} \times 3\frac{1}{3}$
185	$5 \times \frac{3}{4}$	205	$\frac{4}{7} \times \frac{5}{9}$	225	$1\frac{2}{3} \times 1\frac{2}{3}$
186	$4 \times \frac{2}{5}$	206	$\frac{8}{9} \times \frac{4}{5}$	226	$8\frac{1}{8} \times 2\frac{2}{3}$
187	$9 \times \frac{3}{4}$	207	$\frac{12}{17} \times \frac{1}{3}$	227	$8\frac{1}{8} \times 2\frac{1}{3}$
188	$6 \times \frac{3}{7}$	208	$\frac{15}{19} \times \frac{3}{5}$	228	$6\frac{2}{7} \times 7\frac{2}{7}$
189	$7 \times \frac{3}{7}$	209	$\frac{20}{21} \times \frac{4}{7}$	229	$4\frac{1}{5} \times 9\frac{1}{3}$
190	$3 \times \frac{2}{3}$	210	$\frac{16}{24} \times \frac{5}{8}$	230	$5\frac{3}{4} \times 8\frac{2}{5}$
191	$9 \times \frac{2}{3}$	211	$\frac{18}{32} \times \frac{11}{16}$	231	$9\frac{1}{7} \times 5\frac{2}{5}$
192	$7 \times \frac{3}{8}$	212	$\frac{12}{15} \times \frac{15}{17}$	232	$2\frac{2}{3} \times 2\frac{1}{2}$

DIVISION DES FRACTIONS

233	$\frac{1}{2} : 2$	245	$\frac{1}{2} : \frac{1}{3}$	257	$1\frac{3}{4} : 3\frac{1}{3}$
234	$\frac{1}{2} : 3$	246	$\frac{2}{3} : \frac{1}{2}$	258	$6\frac{1}{2} : 1\frac{1}{4}$
235	$\frac{2}{5} : 4$	247	$\frac{1}{3} : \frac{2}{5}$	259	$8\frac{1}{4} : 5\frac{1}{2}$
236	$\frac{3}{4} : 5$	248	$\frac{3}{4} : \frac{2}{5}$	260	$1\frac{3}{4} : 5\frac{1}{4}$
237	$\frac{2}{5} : 6$	249	$\frac{2}{3} : \frac{5}{6}$	261	$4\frac{2}{3} : 1\frac{4}{5}$
238	$\frac{5}{6} : 9$	250	$\frac{4}{5} : \frac{3}{7}$	262	$2\frac{3}{4} : 2\frac{1}{2}$
239	$3 : \frac{1}{2}$	251	$\frac{3}{7} : \frac{2}{8}$	263	$5\frac{1}{5} : 4\frac{2}{3}$
240	$5 : \frac{2}{3}$	252	$\frac{3}{8} : \frac{5}{9}$	264	$3\frac{2}{5} : 4\frac{1}{4}$
241	$6 : \frac{1}{4}$	253	$\frac{4}{7} : \frac{2}{5}$	265	$2\frac{3}{5} : 4\frac{1}{2}$
242	$7 : \frac{3}{4}$	254	$\frac{3}{8} : \frac{6}{11}$	266	$4\frac{1}{4} : 5\frac{2}{5}$
243	$5 : \frac{4}{5}$	255	$\frac{3}{4} : \frac{1}{2}$	267	$7\frac{3}{7} : 2\frac{1}{5}$
244	$9 : \frac{2}{7}$	256	$\frac{5}{6} : \frac{2}{3}$	268	$9\frac{1}{2} : 5\frac{6}{7}$

EXPRIMEZ EN FRACTIONS ORDINAIRES LES VALEURS SUIVANTES

269	0,2	272	0,14	275	12,05	278	4,107
270	0,4	273	0,004	276	24,17	279	2,025
271	0,04	274	0,015	277	74,21	280	6,0025

EXPRIMEZ EN FRACTIONS DÉCIMALES LES VALEURS SUIVANTES

281	$\frac{1}{2}$	284	$\frac{2}{5}$	287	$4\frac{1}{2}$	290	$9\frac{2}{3}$
282	$\frac{1}{4}$	285	$\frac{3}{5}$	288	$6\frac{2}{5}$	291	$7\frac{1}{6}$
283	$\frac{3}{4}$	286	$\frac{5}{8}$	289	$8\frac{3}{4}$	292	$9\frac{9}{16}$

QUESTIONS SUR LES FRACTIONS

293 En combien de parties égales faut-il diviser l'unité pour avoir des tiers ?

294 Une ligne est divisée en cinq parties égales, dites ce qu'une division est à l'égard de la ligne.

295 Combien un entier vaut-il de sixièmes ?

296 Quelle fraction de semaine représentent 3 jours ?

297 Quelle fraction d'heure représentent 10 minutes ?

298 Quelle fraction du jour s'est-il écoulé à 10 heures du matin ?

299 Quelle fraction de la matinée s'est-il écoulé à 3 heures ?

300 Quelle fraction de la semaine reste-t-il après 4 jours ?

301 Quelle fraction d'heure reste-t-il après 40 minutes ?

302 Que faut-il retrancher de l'unité pour avoir $\frac{3}{7}$?

303 Que faut-il ajouter à un entier pour avoir $\frac{7}{8}$?

304 Que faut-il ajouter à $\frac{3}{5}$ pour avoir un entier ?

305 Quelle est la fraction à laquelle il faudrait ajouter $\frac{3}{8}$ pour avoir l'unité ?

306 Que faut-il retrancher de $\frac{8}{5}$ pour avoir un entier ?

307 Que faut-il faire pour augmenter une fraction de 3 parties de l'unité, ces parties devant être de même nature que celles que représente la fraction ?

308 Que faut-il faire pour diminuer une fraction de 2 parties de l'unité, ces parties devant être de même nature que celles que représente la fraction ?

309 Quelle est la fraction qui contient $\frac{2}{7}$ de plus que $\frac{3}{7}$?

310 Quelle est la fraction qui contient $\frac{1}{8}$ de moins que $\frac{4}{8}$?

311 Ecrivez une fraction qui soit le quart de un.

312 Ecrivez une fraction que l'unité contienne 5 fois.

313 Ecrivez une fraction 3 fois plus petite que l'unité.

314 Quelle est la fraction qui égale les $\frac{1}{3}$ de l'unité ?

315 Ecrivez une fraction plus grande que $\frac{2}{7}$ et qui ait le même dénominateur.

316 Ecrivez une fraction plus petite que $\frac{1}{7}$ et qui ait le même dénominateur.

317 Pourquoi $\frac{1}{3}$ est-il plus grand que $\frac{1}{4}$?

318 Ecrivez une fraction plus grande que $\frac{2}{5}$ et qui ait le même numérateur

319 Écrivez une fraction plus petite que $\frac{3}{5}$ et qui ait le même numérateur.

PROBLÈMES SUR LES FRACTIONS

320 Une classe compte 60 élèves dont 20 écrivent : quelle est la fraction de la classe occupée à l'écriture ?

321 Une classe compte 75 élèves dont un tiers calcule : quel est le nombre de ces derniers?

322 Dans une classe de 60 élèves, 25 lisent, 20 écrivent et les autres calculent : quelle est la fraction de la classe occupée à chaque leçon?

323 Dans une classe de 75 élèves, les $\frac{2}{5}$ écrivent, $\frac{1}{3}$ calcule et les autres lisent : combien y a-t-il d'élèves à chaque leçon ?

324 Un voyageur a parcouru les $\frac{2}{5}$ de sa route : quelle fraction de sa route lui reste-t-il encore ?

325 Quelle fraction de sa route a parcourue un voyageur qui, en un jour, en a fait $\frac{1}{4}$ et $\frac{1}{5}$?   .

326 Un boulanger a employé d'une part 3 sacs $\frac{2}{5}$ de farine et de l'autre 2 sacs $\frac{3}{4}$: combien de sacs a-t-il employés ?

327 Combien faut-il tirer de litres d'un tonneau de 228 litres pour en prendre les $\frac{2}{3}$?

328 Combien reste-t-il de litres dans un tonneau de 230 litres, dont on a tiré les $\frac{3}{5}$?

329 On a tiré 180 litres d'un tonneau de 224 litres : quelle fraction du tonneau a-t-on soutirée?

330 On a tiré 125 litres d'un tonneau de 225 litres : quelle est la fraction du tonneau qui reste?

331 Deux ouvriers ont travaillé l'un 18 jours $\frac{1}{2}$ et l'autre 15 jours $\frac{3}{4}$; combien ont-ils travaillé de jours en tout?

332 Quel est, en litres, le vin contenu dans 12 brocs de chacun 8 litres $\frac{1}{4}$?

333 Deux tonneaux contiennent l'un 224 litres $\frac{3}{4}$

et l'autre 212 litres $\frac{1}{2}$: quelle est leur différence de capacité ?

334 Un ouvrier met 2 heures $\frac{3}{4}$ pour faire un mètre d'ouvrage : quel temps lui faudra-t-il pour faire 12 mètres ?

335 Le premier jour une machine fait $\frac{1}{4}$ d'une pièce d'étoffe et le second jour les $\frac{2}{7}$: quelle fraction de la pièce fait-elle dans ces deux jours ?

336 Il faut 280 bouteilles pour soutirer le vin contenu dans 1 tonneau : combien faut-il de bouteilles pour soutirer 3 tonneaux $\frac{1}{4}$?

337 Dites la longueur qu'avait une pièce d'étoffe, sachant qu'après en avoir vendu 18 mètres $\frac{1}{4}$, il en reste 9 mètres $\frac{3}{5}$?

338 Une pièce de toile de 102 mètres $\frac{1}{2}$ a été divisée en 8 coupons égaux : quelle est la longueur de chacun ?

339 Quelle est la longueur d'une barrière composée de 2 parties : l'une de 18 mètres $\frac{1}{4}$, et l'autre de 6 mètres $\frac{3}{5}$?

340 On a fait les $\frac{2}{5}$ et les $\frac{2}{3}$ d'un ouvrage : quelle fraction de l'ouvrage reste-t-il à faire ?

341 Quelle est la fraction à laquelle il manque $\frac{1}{4}$ pour égaler $\frac{7}{9}$?

342 Au lieu de la fraction $\frac{4}{5}$, on a pris la fraction $\frac{3}{7}$: quelle erreur a-t-on commise, et dans quel sens ?

343 Quel est le prix de 15 mètres $\frac{5}{8}$ de drap, à raison de 8 fr. le mètre ?

344 Un marchand a vendu en un jour 34 mètres $\frac{4}{5}$ d'un tissu de laine, et 32 mètres $\frac{3}{4}$ d'un tissu de soie : combien a-t-il vendu de mètres en tout ?

345 Pierre boit par jour $\frac{3}{4}$ de litre de vin : combien de litres boit-il dans un mois de 31 jours ?

346 Guillaume boit $\frac{4}{5}$ de litre de vin par jour : quel temps mettra-t-il pour vider un tonneau de 220 litres ?

347 Les $\frac{2}{5}$ et $\frac{1}{3}$ d'un bâton sont plongés dans l'eau : quelle fraction du bâton est hors de l'eau?

348 Un bassin, par minute, reçoit d'une fontaine 4 litres $\frac{2}{3}$, et perd par un conduit 3 litres $\frac{3}{4}$: dites ce que ce bassin conserve par minute.

349 Que faut-il ajouter à une longueur de 39 mètres $\frac{2}{5}$, pour qu'elle égale 64 mètres $\frac{3}{4}$?

350 Une roue fait 1,200 tours en 2 heures $\frac{1}{2}$: combien en fait-elle par heure ?

351 Deux robinets donnent par minute, l'un 12 litres $\frac{1}{2}$, et l'autre 15 litres $\frac{3}{5}$: quelle quantité fournissent-ils ensemble par minute?

352 Quinze pauvres ont reçu chacun $\frac{5}{8}$ de kilogramme de viande : combien ont-ils reçu en tout?

353 Que reste-t-il d'une pièce de drap qui a 42 mètres $\frac{1}{5}$, si l'on en vend 27 mètres $\frac{1}{4}$?

354 Un ouvrier fait un ouvrage en 18 jours : quel temps mettra-t-il pour en faire les $\frac{2}{3}$?

355 Un premier ouvrier fait un travail en 2 heures $\frac{1}{4}$, un second le ferait en 1 heure $\frac{1}{2}$: quelle est la différence de la durée du travail ?

356 On a payé 336 fr. pour 3 douzaines $\frac{1}{2}$ de chapeaux : à combien revient la douzaine?

357 Un tour de roue fait avancer une voiture de 6 mètres $\frac{1}{4}$: de combien 24 tours la font-ils avancer?

358 Jean a 12 ans $\frac{3}{4}$ et Louis 9 ans $\frac{1}{2}$: quelle est la différence de leur âge ?

359 Un ouvrier a reçu 154 fr. pour 25 journées $\frac{2}{3}$: quel est le prix de sa journée?

360 Un tisserand fait $\frac{3}{5}$ de mètre par heure : que fait-il dans une journée de 10 heures?

361 Quelle est la différence de deux lignes qui égalent l'une $\frac{3}{4}$ de mètre et l'autre 2 mètres $\frac{1}{2}$?

362 Un ouvrier fait 42 mètres $\frac{1}{2}$ d'ouvrage en 4 heures $\frac{2}{3}$: que fait-il par heure?

363 Quelle longueur d'étoffe faut-il pour faire 13 gilets à raison de $\frac{3}{5}$ de mètre par gilet ?

364 Un métier fait 8 mètres de ruban en 5 heures : dites ce qu'il fait en une heure.

365 Un premier métier fait 9 mètres en 5 heures, un second 7 mètres en 4 heures : quel est le plus puissant des deux, et de combien par heure?

366 Un premier bec de gaz dépense 740 litres de gaz en 7 heures $\frac{1}{2}$, un second dépense 640 litres en 5 heures $\frac{1}{4}$: quel est celui qui en dépense le plus, et de combien par heure ?

367 Pour faire les $\frac{3}{5}$ d'un ouvrage, il faut 6 heures : quel temps faut-il pour faire tout l'ouvrage?

368 Quelle est la longueur d'une pièce de toile, si les $\frac{3}{4}$ de cette pièce donnent un coupon de 72 mètres ?

369 Quel est le nombre des moutons d'un troupeau, si les $\frac{3}{25}$ de ce nombre égalent 42 ?

370 On a mis 12 heures pour faire les $\frac{3}{7}$ d'un ouvrage : quel temps mettra-t-on pour le reste?

371 En $\frac{2}{5}$ d'heure, un robinet verse 46 litres : que versera-t il le reste de l'heure ?

372 Une marchande a vendu les $\frac{3}{4}$ d'un panier d'œufs, et il lui reste encore 25 œufs : combien en avait-elle porté au marché?

373 Une marchande a vendu les $\frac{3}{5}$ d'un panier d'œufs, et il lui reste encore 26 œufs : combien en a-t-elle vendu?

374 Pierre a dépensé les $\frac{3}{5}$ de son argent, et il lui reste 30 fr. : combien avait-il d'abord ?

375 Paul a dépensé les $\frac{2}{5}$ de son argent, et il lui reste 24 fr. : combien a-t-il dépensé?

376 Jules, qui a 15 ans $\frac{1}{2}$, a les $\frac{2}{3}$ de l'âge de Simon : quel est l'âge de Simon ?

377 Un économe rentre chez lui avec 6 fr., après avoir dépensé les $\frac{4}{7}$ de son argent : dites ce qu'il avait primitivement.

378 Combien un écolier a-t-il de bons points?
On sait qu'un tiers et un quart de ce qu'il a égalent 28.

379 Une personne achète une propriété, et en
paye les $\frac{3}{7}$ comptant en donnant 8595 fr. : quel est
le prix de cette propriété?

380 Un caissier a donné en deux fois les $\frac{2}{5}$ et les
$\frac{3}{8}$ de son argent ; combien avait-il d'abord dans sa
caisse, s'il lui reste 63 fr. ?

381 Deux amis ont fait un fonds de 2610 fr.; le
premier a mis $\frac{1}{4}$ de plus que le second : quelle est
la mise de chacun ?

382 Après avoir vendu les $\frac{5}{9}$ d'une pièce de drap,
il en reste encore $\frac{1}{7}$, plus 26 mètres : quelle était la
longueur de cette pièce ?

383 Après avoir employé les $\frac{4}{9}$ d'une pièce de drap,
il en reste les $\frac{2}{3}$, moins 8 mètres : quelle était la longueur de cette pièce ?

384 Quel est le prix d'un troupeau de moutons,
si on veut le vendre de la manière suivante : les $\frac{5}{9}$
du troupeau à 45 fr. la pièce, les $\frac{3}{8}$ à 52 fr. la pièce,
les 25 moutons qui restent évalués ensemble 750 fr.?

385 Un poteau est divisé de manière que $\frac{1}{3}$ est noir,
$\frac{1}{4}$ est blanc, $\frac{1}{5}$ est bleu, et les 65 centimètres qui restent sont rouges : quelle est la longueur de ce poteau?

386 Trois associés se partagent leur bénéfice : le
premier en prend $\frac{1}{5}$, le second les $\frac{2}{7}$, et le troisième,
qui a le reste, prend 19,500 fr.: dites le bénéfice
total, et celui de chaque associé.

387 Après avoir dépensé $\frac{1}{4}$ et $\frac{1}{8}$ de mon argent, je
dépense encore 5 fr., et il me reste juste la moitié
de ce que je possédais : combien avais-je?

388 Un atelier, dont la journée est de dix heures,
a de l'ouvrage pour 16 jours : si l'on désire que le
travail se prolonge pendant 20 jours, de quelle fraction faut-il réduire la journée de travail?

RÈGLES DE TROIS

—

34 *Qu'appelle-t-on rapport de deux nombres?*

On appelle rapport de deux nombres le quotient de la division de ces deux nombres.

Ex. Le rapport de 12 à 4 est 3, parce que 3 est le quotient de 12 divisé par 4.

35 *Comment s'indique un rapport?*

Un rapport s'indique par deux points ou par un trait horizontal.

Ex. Le rapport de 3 à 4 s'écrit 3 : 4 et se lit 3 divisé par 4. — Ce rapport s'écrit encore $\frac{3}{4}$ et se lit 3 divisé par 4 ou bien encore trois quarts.

36 *Qu'est-ce qu'une proportion?*

Une proportion est l'égalité de deux rapports.

Ex. Les deux rapports égaux $\frac{3}{12}$ et $\frac{5}{20}$ donnent lieu à une proportion qu'on peut écrire de deux manières différentes :

1º Sous la forme 3 : 12 :: 5 : 20, qu'on lit 3 est à 2 comme 5 est à 20.

2º Sous la forme fractionnaire $\frac{3}{12} = \frac{5}{20}$, qu'on lit : trois douzièmes *égalent* cinq vingtièmes.

37 *Qu'est-ce que la règle de trois?*

La règle de trois est une opération dans laquelle trois termes d'une proposition sont connus et servent à déterminer le quatrième.

38 *Quand est-ce que la règle de trois est simple?*

C'est lorsqu'elle ne contient que trois données.

39 *Quand est-ce qu'une règle de trois est composée?*

C'est lorsqu'elle contient plus de trois données.

L'UNITÉ

40 Les problèmes qui appartiennent aux règles de trois, d'intérêt, de société, etc., se résolvaient autrefois par les proportions ; aujourd'hui on emploie une méthode dite de l'unité, parce qu'on ramène à l'unité chacun des nombres dont dépend celui qui est de même nature que l'inconnu.

RÈGLE DE TROIS SIMPLE PAR L'UNITÉ

1er *Exemple.*

Six hommes ont fait 42 mètres d'ouvrage : combien 10 hommes en feront-ils dans le même temps?

DISPOSITION DES DONNÉES   SOLUTION

6 hommes. 42 mèt.

10 hommes. x. $\frac{42 \times 10}{6} =$ R. 70 mèt.

1er procédé : 6 hommes ont fait 42 mètres d'ouvrage;

1 homme en fait 6 fois moins que 6, ou $\frac{42}{6} = 7$;

10 hommes en font 10 fois plus que 1, ou $7 \times 10 =$ R. 70 mètres.

2e procédé : 6 hommes ont fait 42 mètres d'ouvrage;

1 homme en fait 6 fois moins que 6, ou $\frac{42}{6}$;

10 en font 10 fois plus que 1, ou $\frac{42 \times 10}{6} = 70$ mètres.

R. Les 10 hommes feront 70 mètres d'ouvrage.

Remarque. — La première manière d'opérer est très rapide et s'emploie avantageusement lorsque la division se fait sans reste. Lorsque la division ne se fait pas sans reste, la seconde est préférable.

2e *Exemple.*

Combien faudrait-il de jours à 8 ouvriers pour faire un ouvrage que 12 ouvriers ont fait en 14 jours?

DISPOSITION DES DONNÉES   SOLUTION

12 ouvriers. 14 jours.

8 ouvriers. x. $\frac{14 \times 12}{8} =$ R. 21 jours.

Raisonnement. Pour faire cet ouvrage,

12 ouvriers ont mis 14 jours ;

1 ouvrier mettrait 12 fois plus de jours, ou 14×12;

8 mettraient 8 fois moins, ou $\frac{14 \times 12}{8} =$ R. 21 jours.

R. Les 8 ouvriers feraient l'ouvrage en 21 jours.

PROBLÈMES SUR LA RÈGLE DE TROIS SIMPLE

389 Un ouvrier gagne 30 fr. en 5 jours : que gagne-t-il en 20 jours ?

390 Un ouvrier gagne 24 fr. en 4 jours : quel temps mettra-t-il pour gagner 72 fr. ?

391 Lorsque 3 kilog. de marchandises ont coûté 39 fr., que coûteront 11 kilog. ?

392 Lorsque 8 mètres de drap coûtent 100 fr., que coûtent 24 mètres ?

393 On a eu 42 litres de vin pour 36 fr. : combien en aura-t-on pour 24 fr. ?

394 Un ouvrier a gagné 72 fr. en 12 jours : combien devra-t-il travailler de jours pour gagner 90 fr.?

395 On a 36 litres de vin pour 24 fr. : combien en aura-t-on pour 18 fr. ?

396 Il faut 36 litres de froment pour ensemencer un champ de 18 ares : combien en faudra-t-il pour ensemencer un autre champ de 27 ares ?

397 Une fontaine donne 20 lit. d'eau en 3 minut.: quel volume d'eau donne-t-elle en 1 heure un quart ?

398 Un cheval consomme en 8 jours 60 kilog. de foin : quelle quantité en faudra-t-il pour le nourrir pendant 36 jours ?

399 Pour paver un trottoir, on emploie 25 dalles de 0,90 cent. de longueur ; combien en faudrait-il, si elles avaient 0,10 centim. de moins en longueur?

400 Pour tapisser un appartement, il a fallu 20 rouleaux de tapisserie de 0 mèt. 60 de largeur : combien en aurait-il fallu, si ces rouleaux avaient eu 0 mèt. 75 de largeur ?

401 Avec 60 kilog. de chiffon on fait 40 kilog. de papier : quelle quantité de papier fera-t-on avec 300 kilog. de chiffon ?

402 La farine de froment donne 140 kilog. de pain pour 100 kilog. de farine : quel sera le poids du pain obtenu avec 120 kilog. de farine?

403 S'il faut 225 litres de blé pour ensemencer un hectare de terrain, combien en faudra-t-il pour ensemencer 80 ares?

404 Si 32 kilog. de cocons donnent 4 kilog. de soie, combien faudra-t-il de kilog. de cocons pour obtenir 36 kilog. de soie ?

405 Si 9 litres de l'eau de la mer contiennent 300 grammes de matières salines, combien en contiennent 100 litres :

406 Un boulanger emploie environ 2 kilog. de levain pour faire lever 150 kilogrammes de pâte : quelle quantité de pâte pourrait-on faire lever avec 5 kilog. de levain ?

407 119 kilog. de seigle valent 34 fr. : que pèse l'hectolitre de seigle s'il vaut 20 fr.?

408 Par le lavage, on perd 12 kilog. sur 30 kilog. de laine brute : que perd-on sur 75 kilog. ?

409 Un homme, en respirant, vicie par jour 7 mètres cubes et demi d'air : quelle quantité d'air environ vicie-t-il en 15 heures ?

410 Un homme de 1 mèt. 70 donne 0 mèt. 60 d'ombre : quelle est la hauteur d'un clocher qui, au même moment, donne 24 mèt. 60 d'ombre?

411 Un bâton dressé verticalement sort de terre d'une longueur de 1 mèt. 25, et donne une ombre de 0 mèt. 80 : quelle est la hauteur d'un arbre qui, au même moment, donne une ombre de 5 mèt. 60?

412 Lorsqu'on paye 68 fr. 20 c. pour 44 kilogrammes de viande, combien devra-t-on payer pour 90 kilog?

413 S'il faut 145 sacs pour contenir 304 hectol. 50 lit. de grain, combien en faudra-t-il pour en contenir 197 hectol. 40 lit?

414 Dans une place il y a 1 500 hommes pourvus de vivres pour 6 mois; combien faudra-t-il faire sortir d'hommes si l'on veut faire durer les vivres deux mois de plus, et donner la même ration?

MODÈLE SUR LA RÈGLE DE TROIS COMPOSÉE

Ex. On a employé 240 hommes qui, en 15 jours, ont fait 450 mètres d'ouvrage. Combien 48 hommes, travaillant 25 jours, en feront-ils?

DISPOSITION DES DONNÉES

40 hommes.   15 jours.   450 mètres.
48 hommes.   25 jours. x.

SOLUTION

$$\frac{\overset{3}{\cancel{450}} \times \overset{12}{\cancel{48}} \times 25}{\underset{1}{\cancel{40}} \times \underset{1}{\cancel{15}}} = 3 \times 12 \times 25 = \text{R. } 900 \text{ mètres.}$$

Raisonnement. 40 hommes, en 15 jours, font 450 mèt.

1 homme ferait 40 fois moins, ou $\frac{450}{40}$;

48 hommes feraient 48 fois plus, ou $\frac{450 \times 48}{40}$;

En 1 jour au lieu de 15,
ces 48 hommes feraient 15 fois moins, ou $\frac{450 \times 48}{40 \times 15}$;

En 25 jours au lieu de 1,
ils feraient 25 fois plus, ou $\frac{450 \times 48 \times 25}{40 \times 15}$.

Pour simplifier, divisons :
    1° 450 et 40 par 10;
    2°   45 et 15 par 15;
    3°   48 et 4 par 4;
R. Les 48 hommes feront 900 mètres d'ouvrage.

PROBLÈMES SUR LA RÈGLE DE TROIS COMPOSÉE

415 Douze ouvriers, en travaillant 6 jours, ont fait 120 mèt. d'ouvrage : combien 14 ouvriers, travaillant 9 jours, en feront-ils?

416 Il faut 108 kilog. de foin pour la nourriture de 3 chevaux pendant 4 jours : combien en faudrat-il pour nourrir 8 chevaux pendant 6 jours?

417 Il faut 275 kilog. de fourrage pour l'entretien de 3 chevaux pendant 10 jours : combien en faudrat-il pour l'entretien de 5 chevaux pendant 12 jours?

418 On a payé 14 fr. pour le transport de 3000 kil. à 9 kilom. de distance : que payera-t-on pour le transport de 4500 kilog. à 36 kilom. de distance?

419 Un ouvrier qui a travaillé 8 jours et 9 heures par jour, a reçu 54 fr. : que recevrait-il pour 18 journées de 8 heures ?

420 Un copiste a fait 150 pages en 15 jours, travaillant 10 heures par jour : combien aurait-il mis de jours s'il n'avait travaillé que 6 heures par jour ?

421 Un maître de pension a dépensé 800 fr. pour la nourriture de 50 élèves pendant 12 jours : combien aurait-il dépensé pour la nourriture de 80 élèves pendant 18 jours ?

422 Une garnison de 600 hommes a consommé 30000 kilog. de pain en 40 jours : combien faudra-t-il de kilog. pour nourrir 900 hommes pendant 60 jours ?

423 Douze ouvriers ont employé 15 jours pour faire 120 mètres d'ouvrage : combien 30 ouvriers feront-ils de mètres du même ouvrage en travaillant 10 jours ?

424 Un voyageur marchant 9 heures par jour a mis 10 jours pour faire 360 kilomètres : combien ferait-il de kilomètres en 25 jours, marchant 8 heures par jour ?

425 Un ouvrier a reçu 120 fr. pour un travail qui l'a occupé pendant 25 jours et 8 heures par jour : combien aurait-il reçu s'il avait travaillé 30 jours et 10 heures par jour ?

426 Un voyageur a parcouru 120 kilomètres en marchant 5 heures par jour pendant 6 jours : combien en parcourrait-il en marchant 4 heures par jour pendant 12 jours ?

427 Avec 14 kilog. de fil on a tissé une toile de 32 mètres de longueur sur 0 mèt. 75 de largeur : quelle serait la longueur d'une toile de 0 mèt. 80 de largeur, tissée avec 12 kilog. du même fil ?

428 Il faut 275 kilog. de fourrage pour l'entretien de 3 chevaux pendant 10 jours : combien nourrira-t-on de chevaux pendant 30 j. avec 2475 kil. de fourrage ?

429 Cent vingt moutons fument en 10 nuits une superficie de 30 ares : combien de nuits faudra-t-il à 360 moutons pour fumer une superficie de 72 ares ?

430 Douze hommes en 8 jours ont moissonné un champ de 30 hectares : combien faudrait-il d'hommes pour moissonner en 6 jours 45 hectares ?

431 Une famille composée de 5 personnes a dépensé dans un hôtel 180 fr. en 8 jours : de combien de personnes se compose une autre famille qui a dépensé 189 fr. en 6 jours ?

432 Pour tapisser un appartement il a fallu 15 rouleaux de papier ayant 24 mètres de longueur et 1 mèt. 50 de largeur : combien aurait-il fallu de rouleaux, s'ils avaient eu 20 mètres de longueur et 0 mèt. 60 de largeur ?

433 Une garnison de 1 800 hommes a pour 3 mois de vivres, la ration étant de 8 hectogrammes par jour : à combien doit-on réduire la ration si l'on augmente la garnison de 300 hommes, et si l'on veut que les vivres durent 4 mois ?

434 Une citerne peut fournir à 25 ménages 12 lit. d'eau par jour pendant 150 jours : à combien faut-il réduire la consommation journalière de chaque ménage, si le nombre de ménages s'élève à 40, et que l'on veuille faire durer la provision 50 jours de plus ?

435 Un ouvrier, qui a travaillé pendant 20 jours et 8 heures par jour, a reçu 120 fr. : combien d'heures a-t-il travaillé par jour pour un second travail de même nature, qui a duré 30 jours, et qui a été payé 225 fr. ?

436 Un voyageur a parcouru 120 kilom. en marchant 8 heures par jour pendant 5 jours : combien devrait-il marcher d'heures par jour, pour parcourir 192 kilom. en 12 jours ?

437 Le transport de 4 caisses de marchandises, pesant chacune 110 kilog., a coûté 90 fr.; on a donné 171 fr. pour transporter 10 autres caisses à la même distance : quel est le poids d'une de ces caisses ?

RÈGLE D'INTÉRÊT

41 *Qu'appelle-t-on intérêt?*

L'intérêt est le bénéfice que l'on fait sur une somme prêtée; c'est, en d'autres termes, le loyer de cette somme.

42 *Qu'est-ce que le capital?*

Le capital est la somme prêtée.

43 *Qu'est-ce que le taux?*

Le taux est l'intérêt de 100 fr. pendant l'unité de temps, qui est ordinairement 1 an.

44 *Dans les règles d'intérêt, comment se divisent le mois et l'année?*

Dans les règles d'intérêt, on considère les mois comme étant tous de 30 jours, ou égaux chacun à la douzième partie de l'année; et l'année compte seulement 360 jours.

45 *Quand est-ce que l'on compte les mois d'après leur nombre exact de jours?*

C'est lorsqu'on calcule l'intérêt d'une somme placée pour une fraction d'année dont les dates sont fixées, comme, par exemple, du 13 avril au 27 août.

46 *Comment s'indique le taux?*

Le taux s'indique ainsi : 4 %, 5 %; qu'on lit : 4 pour 100, 5 pour 100.

47 *Quand est-ce que l'intérêt est simple?*

L'intérêt est simple quand on ne l'ajoute pas au capital pour porter intérêt l'année suivante.

48 *Quand est-ce que l'intérêt est composé?*

L'intérêt est composé quand on l'ajoute au capital pour porter intérêt l'année suivante.

49 *Qu'est-ce que la règle d'intérêt?*

La règle d'intérêt est une opération par laquelle on résout les problèmes qui concernent l'intérêt de l'argent.

1er *Cas.* — RECHERCHE DE L'INTÉRÊT

1er *Ex.* Que rapportent, en 6 ans, 4 500 fr. à 5 %?

DISPOSITION DES DONNÉES   SOLUTION

100 fr. 1 an. 5 fr. $\frac{5 \times 4\,500 \times 6}{100} =$ R. 1 350 fr.

4 500 fr. 6 ans. x.

Raisonnement. Puisque 100 fr. rapportent 5 francs,

1 fr. rapporte 100 fois moins, ou $\frac{5}{100}$;

Et 4 500 fr. rapportent 4 500 fois plus, ou $\frac{5 \times 4\,500}{100}$;

Pour 6 ans, l'intérêt sera 6 fois plus considérable que pour 1 an, ou $\frac{5 \times 4\,500 \times 6}{100} =$ 1 350 fr.

R. 4 500 fr. rapportent 1 350 fr.

2e *Ex.* Quel est l'intérêt de 2 400 fr. placés à 6 %, pendant 2 ans 5 mois?

SOLUTION. 2 ans 5 mois font 24 + 5 = 29 mois.

DISPOSITION DES DONNÉES   SOLUTION

100 fr. 12 mois. 6 fr. $\frac{6 \times 2\,400 \times 29}{100 \times 12} =$ R. 348 $\frac{1}{}$

2 400 fr. 29 mois. x.

Raisonnement. Puisque 100 fr. rapportent 6 fr.,

1 franc rapporte 100 fois moins, ou $\frac{6}{100}$;

2 400 francs rapportent 2 400 fois plus, ou $\frac{6 \times 2\,400}{100}$

Pour 1 mois, l'intérêt est 12 fois moindre que pour 12 mois, ou $\frac{6 \times 2\,400}{100 \times 12}$;

Pour 29 mois, l'intérêt est 29 fois plus fort que pour 1 mois, ou $\frac{6 \times 2\,400 \times 29}{100 \times 12} =$ 348 fr.

R. L'intérêt de 2 400 est de 348 fr.

2e *Cas.* — RECHERCHE DU CAPITAL

Ex. Quel est le capital qui, placé à 5 %, rapporte 1 200 fr. d'intérêt, en 4 ans?

DISPOSITION DES DONNÉES   SOLUTION

100 fr. 1 an. 5 fr. $\frac{100 \times 1\,200}{5 \times 4} =$ 6 000 fr

x.   5 ans. 1 200 fr.

5 fr. d'intérêt, pour un an, exigent 100 fr. de capital

1 fr., en 1 an, exige 5 fois moins, ou $\frac{100}{5}$,

1 fr., en 4 ans, exige 4 fois moins, ou $\frac{100}{5 \times 4}$,

Et 1 200 fr. dans le même temps, exigent 1 200 plus, ou $\frac{100 \times 1\,200}{5 \times 4} =$ R. 6 000 fr. de capital.

3ᵉ *Cas.* — RECHERCHE DU TAUX

Ex. A que taux faut-il placer 5 000 fr. pour obtenir
200 fr. en 4 ans ?

Chercher le taux, c'est chercher l'intérêt annuel de
fr.

DISPOSITION DES DONNÉES   SOLUTION

5 000 fr. 1 200 fr. 4 ans. $\frac{1200 \times 100}{5000 \times 4} = $ R. 6 p. %.

    100 fr. x.   1 an.

5 000 fr., en 4 ans, rapportent 1 200 fr.

1 fr., en 4 ans, rapportera 5 000 fois moins, ou $\frac{1200}{5000}$;

100 fr., en 4 ans, rapporteraient 100 fois plus, ou
$\frac{1200 \times 100}{5000}$;

   100 fr., en 1 an, rapporteraient 4 fois moins, ou
$\frac{1200 \times 100}{5000 \times 4} = 6$ %.

R. Il faut placer 5 000 fr. à 6 %.

4ᵒ *Cas.* — RECHERCHE DU TEMPS

Ex. Combien de temps faudra-t-il placer 4 500 fr. à
% pour obtenir 630 fr. d'intérêt ?

DISPOSITION DES DONNÉES   SOLUTION

   x. 4 500 fr. 630 fr. $\frac{1 \times 100 \times 630}{4500 \times 6} = $ R. 2 ans $\frac{9}{27}$.

   1.   100   6

L'intérêt de 100 fr. est rapporté en 1 an.

1 fr. de capital, pour rapporter le même intérêt, de-
manderait 100 fois plus de temps, ou 1×100.

4 500 fr. demanderaient 4 500 fois moins de temps
ou $\frac{1 \times 100}{4500}$.

Pour 1 fr. d'intérêt, il faudrait 6 fois moins de temps,
ou $\frac{1 \times 100}{4500 \times 6}$.

Pour 630 fr., il faudrait 630 fois plus de temps,
ou $\frac{1 \times 100 \times 630}{4500 \times 6} = 2$ ans $\frac{9}{27}$.

L'année étant de 12 mois, la fraction $\frac{9}{27}$ donne

$12 \times \frac{9}{27} = 12 \times \frac{1}{3} = 4$ mois.

R. Le capital sera placé pendant 2 ans 4 mois.

PROBLÈMES SUR LA RÈGLE D'INTÉRÊT

1er *Cas.* — RECHERCHE DE L'INTÉRÊT

438 Calculez à 5 0/0 l'intérêt annuel de 1 800 fr.

439 Calculez à 6 0/0 l'intérêt annuel de 1 850 fr.

440 Calculez à 4 0/0 l'intérêt annuel de 2 425 fr.

441 Calculez à 4.5 0/0 l'intérêt annuel de 3 654 fr.

442 Calculez à 5,5 0/0 l'intérêt annuel de 2 352 fr.

443 Quels intérêts rapportent, en 10 ans, 9 000 fr. placés à 5 0/0 ?

444 Quels intérêts rapportent, en 5 ans, 12 000 fr., placés à 5 0/0 ?

445 Quels intérêts rapportent, en 5 ans, 9 400 fr., placés à 4 0/0 ?

446 Quels intérêts rapportent, en 4 ans, 3 450 fr., placés à 5 0/0 ?

447 Quels intérêts rapportent, en 2 ans, 2 370 fr., placés à 5 0/0 ?

448 Quels intérêts rapportent, en 2 ans 6 mois, 1 500 fr., placés à 4 0/0 ?

449 Quels intérêts rapportent, en 4 ans 3 mois, 2 550 fr., placés à 4 0/0 ?

450 Quels intérêts rapportent, en 2 ans 9 mois, 12 450 fr., placés à 6 0/0 ?

451 Quels intérêts rapportent, en 5 ans 4 mois, 3 750 fr., placés à 6 0/0 ?

452 Quels intérêts rapportent, en 4 ans 5 mois, 12 400 fr., placés à 3 0/0 ?

2º *Cas.* — RECHERCHE DU CAPITAL

453 Quel est le capital qui, placé à 5 0/0, donne un revenu annuel de 750 fr. ?

454 Quel est le capital qui, placé à 4 0/0, donne un revenu annuel de 840 fr. ?

455 Quel est le capital qui, placé à 4 0/0, produit un revenu journalier de 5 fr. ?

456 Quel est le capital qui, placé à 6 0/0, donne un revenu annuel de 840 fr. ?

457 Quel est le capital qui, placé à 4,5 $^0/_0$, donne un revenu annuel de 720 fr. ?

458 Quel est le capital qui, placé à 4 $^0/_0$ pendant 5 ans, produit 1 250 fr. d'intérêt ?

459 Quel est le capital qui, placé à 5 $^0/_0$ pendant 2 ans, produit 460 fr. d'intérêt ?

460 Quel est le capital qui, placé à 4,5 $^0/_0$ pendant 6 ans, produit 405 fr. d'intérêt ?

461 Quel est le capital qui, placé à 4,75 $^0/_0$ pendant 8 ans, produit 1 900 fr. d'intérêt ?

462 Quel est le capital qui, placé à 5,5 $^0/_0$ pendant 3 ans, produit 1 287 fr. d'intérêt ?

463 Quel est le capital qui, placé à 4 $^0/_0$, produit 1 245 fr. d'intérêt au bout de 2 ans 6 mois ?

464 Quel est le capital qui, placé à 6 $^0/_0$, produit 756 fr. d'intérêt au bout de 2 ans 4 mois ?

465 Quel est le capital qui, placé à 5 $^0/^0$, produit 3 250 fr. d'intérêt au bout de 3 ans 3 mois ?

466 Quel est le capital qui, placé à 4,5 $^0/_0$, produit 516 fr. 75 d'intérêt au bout de 4 ans 5 mois ?

467 Quel est le capital qui, placé à 5,5 $^0/_0$, produit 1 419 fr. d'intérêt au bout de 3 ans 7 mois ?

3e Cas. — RECHERCHE DU TAUX.

468 A quel taux faut-il placer 2 800 fr. pour avoir un revenu annuel de 112 fr. ?

469 A quel taux faut-il placer 1 220 fr. pour se faire un revenu annuel de 61 fr. ?

470 A quel taux faut-il placer 1 200 fr. pour se faire un revenu annuel de 54 fr. ?

471 A quel taux faut-il placer 4 500 fr. pour se faire un revenu annuel de 270 fr. ?

472 A quel taux faut-il placer 6 950 fr. pour se faire un revenu annuel de 278 fr. ?

473 A quel taux faut-il placer 12 000 fr. pour avoir 1 140 fr. d'intérêt au bout de 2 ans ?

474 A quel taux faut-il placer 15 300 fr. pour avoir 2 524 fr. 50 d'intérêt au bout de 3 ans ?

475 A quel taux faut-il placer 24500 fr. pour avoir 7717 fr. 50 d'intérêt au bout de 6 ans ?

476 A quel taux faut-il placer 12800 fr. pour avoir 2304 fr. d'intérêt au bout de 4 ans ?

477 A quel taux faut-il placer 26700 fr. pour avoir 15352 fr. 50 d'intérêt au bout de 10 ans ?

478 A quel taux faut-il placer 18400 fr. pour avoir 2484 fr. d'intérêt au bout de 4 ans 6 mois ?

479 A quel taux faut-il placer 24500 fr. pour avoir 2695 fr. d'intérêt au bout de 2 ans 9 mois ?

480 A quel taux faut-il placer 20500 fr. pour avoir 4843 fr. 125 d'intérêt au bout de 5 ans 3 mois ?

481 A quel taux faut-il placer 12600 fr. pour avoir 2094 fr. 75 d'intérêt au bout de 3 ans 2 mois ?

482 A quel taux faut-il placer 15600 fr. pour avoir 2928 fr. 25 d'intérêt au bout de 4 ans 5 mois ?

4e *Cas.* — RECHERCHE DU TEMPS

483 Quel temps faut-il à 9500 fr., placés à 5 %, pour rapporter 950 fr. d'intérêt ?

484 Quel temps faut-il à 12520 fr., placés à 4 %, pour rapporter 1502 fr. 40 d'intérêt ?

485 Quel temps faut-il à 2400 fr., placés à 6 %, pour rapporter 720 fr. d'intérêt ?

486 Quel temps faut-il à 18000 fr., placés à 4,5 %, pour rapporter 3240 fr. d'intérêt ?

487 Quel temps faut-il à 15640 fr., placés à 5,5 %, pour rapporter 2580 fr. 60 d'intérêt ?

488 Quel temps faut-il à 15600 fr., placés à 5 %, pour rapporter 1885 fr. d'intérêt ?

489 Quel temps faut-il à 24600 fr., placés à 6 %, pour rapporter 5412 fr. d'intérêt ?

490 Quel temps faut-il à 24850 fr., placés à 4 % pour rapporter 5715 fr. 50 d'intérêt ?

491 Quel temps faut-il à 12560 fr., placés à 4,5 %, pour rapporter 4614 fr. 23 d'intérêt ?

492 Quel temps faut-il à 25640 fr., placés à 4,75 %, pour rapporter 5115 fr. 18 d'intérêt ?

493 Quel placement pour $^0/_0$ fait-on en achetant 16870 fr. une propriété qui rapporte 759 fr. 15?

494 Une propriété a coûté 15460 fr. : combien faut-il la louer pour placer son argent à 4,75 $^0/_0$?

495 Une propriété, louée 875 fr. 55, donne un revenu de 5,20 $^0/_0$ sur le prix d'achat : qu'a-t-elle coûté?

496 Vaut-il mieux acheter une prairie qui rapporte 200 fr. par an et coûte 4000 fr., ou bien placer son argent à 5 $^1/_2$ $^0/_0$?

497 On refuse de prêter 12000 fr. pour 1 an à 4,25 $^0/_0$; 3 mois après, on les prête pour le reste de l'année à 5 $^3/_4$ $^0/_0$ par an : a-t-on bien fait d'attendre?

498 Quelle somme, placée à 6 $^0/_0$, fait une rente journalière de 8 fr. (l'année étant de 365 jours)?

499 Quelle somme doit-on placer à 5,5 $^0/_0$ pour se faire une rente de 300 fr. par mois?

500 La douzaine de serviettes coûte 30 fr.: combien la revend-on pour placer son argent à 5 $^0/_0$?

501 On vend 350 fr. un meuble qui a coûté 280 fr. : à combien pour $^0/_0$ place-t-on son argent?

502 Dites le prix d'un meuble qui, revendu 360 fr., donne un bénéfice de 12,5 $^0/_0$ sur le prix d'achat.

503 Quelle somme faut-il pour l'achat d'une propriété qui produit 5196 fr. de revenu, et équivaut à un placement de 6 $^0/_0$?

504 Paul a prêté 13680 à 5 $^0/_0$: combien doit-il recevoir au bout de 55 jours?

505 Une propriété vaut 15460 fr.: quel est son revenu net en l'estimant 3,5 pour $^0/_0$?

506 Quel est le plus avantageux de placer 16870 fr. à 4 fr. 5 $^0/_0$, ou d'employer cette somme pour acheter une propriété qui peut être louée 800 fr.?

507 Un rentier a reçu tant pour intérêts d'un an que pour le capital placé à 4 $^0/_0$ la somme de 4460 fr. : quel est ce capital?

508 Un fabricant fait annuellement pour 54720 fr. d'affaires; supposé qu'il gagne 5 $^0/_0$ par an, en combien de temps gagnera-t-il 6778 fr. 40?

RENTES SUR L'ÉTAT, ACTIONS, ETC.

50 *Qu'appelle-t-on rentes?*

On appelle rentes les intérêts que l'Etat paye pour les sommes qu'il a empruntées.

51 *Combien distingue-t-on de sortes de rentes sur l'Etat?*

On distingue aujourd'hui quatre sortes de rentes sur l'Etat : le 3 pour 100, le 4 pour 100, le 4 $^1/_2$ pour 100 et le 5 pour 100.

52 *D'où vient le nom de chaque rente?*

Le nom de chaque rente vient de ce que le gouvernement donnerait 100 fr. pour 3 fr., 4 fr., 4 fr. 50 ou 5 fr. de rente, s'il voulait rembourser le capital.

53 *Qu'appelle-t-on cours de la rente?*

Le cours de la rente est la somme variable qu'il faut placer pour avoir le taux.

Par exemple, lorsqu'on dit que le 3 p. % est au cours de 62 fr., cela signifie qu'il faut placer autant de fois 62 fr. que l'on veut avoir de fois 3 francs de rente. Ainsi pour avoir une rente de 10 fois 3 fr. ou de 30 fr., il faut placer 10 fois 62 fr., c'est-à-dire 620 fr.

54 *Quand est-ce que la rente est au pair?*

C'est quand elle est au cours de 100 fr.

55 *Qu'est-ce qu'une action?*

Une action est le titre d'un capital placé à intérêt dans les fonds d'une compagnie.

56 *Qu'est-ce qu'une obligation?*

Une obligation est un titre énonçant un intérêt fixe et annuel de 15 fr., ou 25 fr., ou 50 fr., etc.

57 *Qu'est-ce que le dividende?*

Le dividende est la part de bénéfice qui revient à chaque actionnaire en sus de l'intérêt des actions.

58 *Quels intérêts payent d'abord les compagnies?*

Ce sont les intérêts fixes des obligations.

1er *Ex.* Que coûtent 3520 fr. de rente 3 $^0/_0$, au cours de 64 fr. 95?

DISPOSITION DES DONNÉES   SOLUTION

64 **fr.** 95   3 fr.

x 3.520 fr.

$$\frac{64,95 \times 3520}{3} = \text{R. } 76208 \text{ fr.}$$

Raisonnement. 3 fr. de rente coûtent 64 fr. 95;

1 fr. de rente coûte 3 fois moins, ou $\frac{64,95}{3}$;

3520 fr. coûtent 3520 fois plus, ou $\frac{64,95 \times 3520}{3} =$ R. 76.208 fr.

R. Les 3520 fr. de rente coûtent 76208 fr.

2e *Ex.* Quel revenu se fera-t-on en achetant pour 58.380 fr. du 3 $^0/_0$ au cours de 68 fr. 25?

DISPOSITION DES DONNÉES   SOLUTION

68 fr. 25   3 fr.

58.380 fr. x

$$\frac{3 \times 58380}{68,25} = \text{R. } 2566 \text{ fr.}$$

Raisonnement. Pour 68 fr. 25, on aurait 3 fr. de rente;

Pour 1 fr., on en aurait $\frac{3}{68,25}$;

Pour 58.380 fr., on en aura $\frac{3 \times 58380}{68,25} =$ R. 2566 fr.

Il reste 3 fr. 50 sans emploi; on obtient ce nombre en divisant par 3 le reste de la division, parce que le dividende a été formé en multipliant par 3 la somme donnée 58.380 fr.

R. Avec 58380 fr., on se fera 2566 fr. de revenu.

3e *Ex.* Une action de 500 fr., portant 15 fr. d'intérêt, a produit un dividende de 25 fr. A quel taux a-t-on placé son argent, si cette action a été achetée au cours 825 fr.?

Raisonnement. L'action rapporte 15 fr. d'intérêt, plus 25 fr. de dividende, ou un revenu total de 40 fr.

DISPOSITION DES DONNÉES   SOLUTION

825 fr.   40 fr.

100 fr. x.

$$\frac{40 \times 100}{825} = \text{R. } 4 \text{ fr. } 848.$$

Pour 825 fr., on a eu 40 fr. de revenu;

Pour 1 fr., on aurait 825 fois moins, ou $\frac{40}{825}$;

Pour 100 fr., on aurait 100 fois plus, ou $\frac{40 \times 100}{825} =$ 4 fr. 848.

R. On a placé son argent à 4, 848 $^0/_0$.

RENTES SUR L'ÉTAT

PROBLÈMES SUR LES RENTES

509 Que coûte 1 fr. de rente, lorsque le 3 $^0/_0$ est au cours de 69 fr.?

510 Que coûte 1 fr. de rente, lorsque le 4 $^0/_0$ est au cours de 82 fr.?

511 Que coûte 1 fr. de rente, lorsque le 4 $^1/_2$ $^0/_0$ est au cours de 94 fr. 50?

512 Que coûte 1 fr. de rente, lorsque le 5 $^0/_0$ est au cours de 98 fr.?

513 Que coûtent 220 fr. de rente 5 $^0/_0$, au cours de 95 fr.?

514 Que coûtent 750 fr. de rente 4,50 $^0/_0$, au cours de 84 fr.?

515 Que coûtent 180 fr. de rente 3 $^0/_0$, au cours de 65 fr.?

516 Quel revenu se fera-t-on, si l'on achète pour 15000 fr. de rente 3 $^0/_0$, au cours de 67 fr. 50?

517 Le 3 $^0/_0$ étant au cours de 70 fr. 80, que coûtent 1200 fr. de rente?

518 Quelle somme faut-il pour acheter 850 fr. de rente 5 $^0/_0$, au cours de 94 fr. 25?

519 Quelle somme faut-il pour acheter 1980 fr. de rente 4,50 $^0/_0$, au cours de 92 fr. 50?

520 Quel revenu annuel se fait-on en achetan au pair pour 1500 fr. de rente 5 $^0/_0$?

521 Quel revenu annuel se fait-on en achetant au pair pour 1800 de rente 4 $^1/_2$ $^0/_0$?

522 Combien aura-t-on de rente 3 $^0/_0$ pou 3000 fr., si le cours est au pair?

523 On a payé 2702 fr. pour avoir 140 fr. de rente 5 $^0/_0$: quel était le cours de la rente?

524 On a payé 10 080 fr. pour avoir 540 fr. de rente 4 $^1/_2$ $^0/_0$: quel était le cours de la rente?

525 On a payé 39 150 fr. pour avoir 1800 fr. de rente 3 $^0/_0$: quel était le cours de la rente?

526 A quel taux place-t-on son argent, quand on achète du 3 $^0/_0$ au cours de 67 fr. 80?

527 A quel taux place-t-on son argent, quand on achète du 4 $1/2$ $^0/_0$ au cours de 93 fr. 50?

528 A quel taux place-t-on son argent, quand on achète du 4 $^0/_0$ au cours de 78 fr. 05.

529 Que coûtent 360 fr. de rente 3 $^0/_0$, au cours de 66 fr. 50?

530 Que coûtent 1 280 fr. de rente 4 $1/_2$ $^0/_0$, au cours de 83 fr. 20?

531 Le même jour, le 3 $^0/_0$ est à 64 fr., et le 5 $^0/_0$ à 92 : quelle espèce de rente doit préférer l'acheteur?

532 Quel est le cours du 3 $^0/_0$, s'il représente un placement de 5 $^0/_0$?

533 A quel taux place-t-on son argent, lorsqu'on achète, au cours de 360 fr., une obligation de chemin de fer de 500 fr., portant 15 fr. d'intérêt?

534 A quel taux place-t-on son argent, en achetant 850 fr. une action de chemin de fer de 500 fr., portant 15 fr. d'intérêt, et donnant un dividende de 30 fr. ?

535 Quelle somme faut-il pour acheter, au cours de 294 fr. 50, 750 fr. de rente en obligations de 500 fr. du chemin de l'Ouest, portant 15 fr. d'intérêt?

536 Quelle rente se fera-t-on avec 7 500 fr., en achetant au cours de 300 fr. des obligations de 500 fr., portant 15 fr. d'intérêt?

537 Une action de chemin de fer du Nord, achetée 950 fr., a donné un revenu annuel de 60 fr. : quel taux représente ce revenu?

538 Une action de chemin de fer d'Orléans, achetée 900 fr., donne un intérêt fixe de 15 fr. : le dividende ayant été de 85 fr., quel taux représente le revenu de cette action?

539 Une action industrielle, émise à 1 000 fr., a été achetée au cours de 1 200 fr., et rapporte un intérêt de 3 $^0/_0$ sur la valeur nominale : on demande le taux du placement, en supposant que le dividende est de 90 fr.

ESCOMPTE

DES BILLETS OU EFFETS DE COMMERCE

59 *Qu'est-ce qu'un billet ou effet de commerce?*

C'est une promesse écrite de payer une somme d'argent à une époque désignée.

60 *Qu'est-ce que l'escompte d'un billet?*

C'est la retenue faite sur le montant d'un billet qu'on échange contre de l'argent avant l'échéance, c'est-à-dire avant l'époque écrite du payement.

61 *Qu'appelle-t-on montant ou valeur nominale d'un billet?*

Le montant ou la valeur nominale d'un billet est la somme énoncée dans le billet.

62 *Qu'appelle-t-on valeur au comptant d'un billet?*

La valeur au comptant d'un billet est la somme reçue en échange du billet payé avant l'échéance.

63 *Que faut-il faire pour calculer l'escompte?*

Il faut calculer au taux de l'escompte l'intérêt que produirait le montant du billet depuis l'époque du payement jusqu'à l'échéance.

Ex. Quel est l'escompte, à 4 %, de 4 600 fr. payables dans 3 ans?

DISPOSITION DES DONNÉES   SOLUTION

100   1   4

4 600   3 x

$$\frac{4 \times 4600 \times 3}{100} = 552 \text{ fr.}$$

L'escompte de 100 fr., pour 1 an, est de 4 fr.

L'escompte de 1 fr., pour 1 an, est 100 fois moindre, ou $\frac{4}{100}$;

L'escompte de 4 600 fr., pour 1 an, est 4 600 fois plus fort que celui d'un franc, ou $\frac{4 \times 4600}{100}$;

L'escompte de 4 600 fr., pour 3 ans, est 3 fois plus fort que pour 1 an, ou $\frac{4 \times 4600 \times 3}{100} = 552$ fr.

R. L'escompte de 4 600 fr. est de 552 fr.

PROBLÈMES SUR L'ESCOMPTE DES BILLETS

540 Calculez, à 4 %, l'escompte d'une somme de 850 fr., payable dans 1 an.

541 Calculez, à 5 %, l'escompte d'une somme de 1 500 fr., payable dans 3 ans.

542 Calculez, à 6 %, l'escompte d'une somme de 1 500 fr., payable dans 9 mois.

543 Calculez, à 4,5 %, l'escompte d'une somme de 1 800 fr., payable dans 2 ans 3 mois.

544 Calculez, à 4 %, l'escompte d'une somme de 24 000 fr., pour 240 jours.

545 Quelle est la somme qui, escomptée pour 1 an à 5 %, est diminuée de 62 fr. ?

546 Quelle est la somme qui, escomptée pour 1 an à 4 %, est réduite à 2 342 fr. ?

547 Quelle est la somme qui, escomptée pour ans à 5 1/2 %, est diminuée de 88 fr. ?

548 Quelle est la somme qui, escomptée pour 9 mois à 4 %, est diminuée de 79 fr. 20 ?

549 Quelle est la somme qui, escomptée à 6 % pendant 2 ans 3 mois, se réduit à 19 462 fr. 50 ?

550 Quelle est la valeur actuelle d'un billet dont le montant est de 200 fr., s'il est payable dans 9 mois, et qu'on l'escompte à 3 % par an ?

551 Calculez, à 6 % et pour 120 jours, l'escompte d'un billet dont le montant vaut 1 110 fr.

552 Quel est le montant d'un billet qui, escompté pour 18 mois à 5 %, se trouve diminué de 195 fr. ?

553 Quel est le montant d'un billet qui, escompté pour 15 mois à 5 %, est réduit à 4 350 fr. ?

554 A combien p. % par an faut-il escompter un billet de 900 fr. pour avoir 36 fr. d'escompte ?

555 Quel est le taux de l'escompte d'un billet de 2 840 fr., si ce billet donne pour 3 ans 426 fr. d'esc. ?

556 Un billet de 2 925 fr., escompté pour 5 ans à 4 %, se réduit à 2 340 fr. : quel est le taux de l'esc. ?

557 Un billet de 1 000 fr., escompté pour 9 mois, se réduit à 973 fr. 75 : quel est le taux de 'escompte ?

DU TANT POUR CENT

OU REMISE ET ESCOMPTE DES FACTURES, COMMISSION ET COURTAGE, PRIME D'ASSURANCE, ETC.

64 *Qu'appelle-t-on remise et escompte des factures?*

C'est une déduction que le vendeur fait au profit de l'acheteur sur le montant des marchandises livrées.

65 *Comment se calcule l'escompte d'une facture?*

L'escompte d'une facture se calcule à tant pour cent sur le prix d'achat, ou, en d'autres termes, sur le montant de la facture.

66 *Qu'appelle-t-on commission et courtage?*

C'est ce que reçoit, pour prix de ses services, a personne qui sert d'intermédiaire entre le vendeur et l'acheteur.

67 *Comment se calcule le droit de commission ou de courtage?*

Le droit de commission ou de courtage se calcule à tant pour cent du prix de la marchandise.

68 *Qu'appelle-t-on prime d'assurance?*

C'est ce que l'on paye annuellement à une compagnie d'assurance pour être indemnisé des dommages qu'éprouvera une propriété.

69 *Comment se calcule la prime d'assurance?*

La prime d'assurance se calcule à tant pour cent ou pour mille du prix de la propriété.

70 *Dans quelle circonstance emploie-t-on encore l'expression tant $^0/_0$?*

On emploie encore l'expression tant $^0/_0$ quand on veut indiquer dans quelles proportions un mélange ou un alliage contient ses éléments, ou ce qu'on peut, au moyen de diverses opérations. retirer d'un corps composé, etc.

Ex. On dit d'un bois qu'il contient 25 $^0/_0$ d'eau; — une récolte verte, 75 $^0/_0$ d'eau; — la fécule, 44 $^0/_0$ d'eau; — le vin, suivant sa qualité, de 7 à 22 $^0/_0$ d'alcool.

1er *Ex*. On acquitte une facture de 950 fr. avec un escompte de 4 $^0/_0$: quelle est la valeur de la remise faite sur le prix de la facture?

DISPOSITION DES DONNÉES   SOLUTION

$$\begin{array}{cc} 100 & 4 \\ 950 & x \end{array} \qquad \frac{4 \times 950}{100} = \text{R. 38 fr.}$$

Pour 100 fr., la remise est de 4 fr.

Pour 1 fr., elle est 100 fois moindre que pour 100 fr., ou $\frac{4}{100}$;

Pour 950 fr., elle est 950 fois plus forte, ou $\frac{4 \times 950}{100} = 38$ fr.

R. La remise faite sur la facture est de **38** fr.

2e *Ex*. Calculez ce que vaut, sur 100 fr., l'expression 0,25 $^0/_0$, qu'on lit 25 centièmes pour cent.

1 $^0/_0$ sur 100 fr. = 1 fr.

0,01 $^0/_0$ sur 100 fr. = 100 fois moins = 0 fr. 01.

0,25 $_0/^0$ sur 100 fr. = 25 fois plus = 0 fr. 25.

R. 0,25 cent. $^0/_0$ représentent 0 fr. 25 c. sur 100 fr.

3e *Ex*. Un courtier reçoit 0,25 $^0/_0$, c'est-à-dire 0 fr. 25 pour 100 fr. du prix de vente : que lui revient-il pour une vente de 8 400 fr.?

DISPOSITION DES DONNÉES   SOLUTION

$$\begin{array}{cc} 100 & 0,25 \\ 8400 & x \end{array} \qquad \frac{0,25 + 8400}{100} = \text{R. 21 fr.}$$

Pour 100 fr. de rente, le courtage est 0 fr. 25 c.

Pour 1 fr. de rente, le courtage est 100 fois moindre, ou $\frac{0,25}{100}$;

Pour 8 400 fr. de rente, le courtage est 8 400 fois plus considérable, ou $\frac{0,25 \times 8400}{100} = 21$ fr.

R. Le courtier recevra **21** fr.

4e *Ex*. Calculez la prime d'assurance d'une maison ayant une valeur de 27 500 fr., assurée contre l'incendie, à raison de 0 fr. 40 c. par 1 000 fr.

DISPOSITION DES DONNÉES   SOLUTION

$$\begin{array}{cc} 1000 & 0,40 \\ 27000 & x \end{array} \qquad \frac{0,40 \times 27500}{1000} = \text{R. 11 fr.}$$

Pour 1 000 fr., la prime est 0 fr. 40 c.

Pour 1 fr., elle est 1 000 fois moindre, ou $\frac{0,40}{1000}$;

Pour 27 500 fr., la prime est 27 500 fois plus forte, ou $\frac{0,40 \times 27500}{1000} = 11$ fr.

R. La prime d'assurance est de **11** fr.

PROBLÈMES SUR LE TANT POUR CENT

558 Quelle est la remise que l'on fait sur une facture de 1850 fr., payés comptant, si l'on accorde 4 % d'escompte?

559 Quelle somme faut-il donner pour acquitter au comptant une facture de 2450 fr. avec un escompte de 6 % ?

560 Quel est le montant d'une facture payée comptant avec 2,50 % d'escompte, si on l'acquitte en donnant 23790 fr.?

561 Quel est l'escompte p. % d'une facture de 18000 fr., que l'on paye en donnant 17280 fr.?

562 Un courtier prend 0,5 % sur le prix de ses ventes: que lui revient-il sur 3640 fr. de vente?

563 Calculez la prime d'assurance d'une maison estimée 4000 fr., si la prime est de 0 fr. 45 par 1000 fr.

564 On assure, à raison de 1 fr. 60 par 1000 fr., un établissement estimé 26800 fr. : quelle est la prime d'assurance?

565 Calculez pour 1000 fr. la prime d'assurance d'un établissement estimé 30000 fr., qu'on assure en donnant 51 fr.

566 Quelle est l'estimation d'une propriété assurée à raison de 1 fr. 25 par mille, si la prime d'assurance est de 23 fr. ?

567 Que doit-on payer une marchandise cotée 640 fr., si le marchand fait une remise de 6 $\frac{1}{2}$ % ?

568 Une marchandise cotée 840 fr. est vendue 703 fr. 80 : quelle est p. % la remise que fait le marchand ?

569 Quel est le prix d'une marchandise que l'on paye 1199 fr. 48, le marchand faisant une remise de 4 $\frac{1}{2}$ % ?

570 On donne à un commissionnaire 4,25 % du prix de la vente : quel est le montant d'une vente pour laquelle le commissionnaire reçoit 629 fr. ?

571 Un vin ordinaire renferme 8 % d'alcool : quelle quantité d'alcool est contenue dans un tonneau de 228 lit. de vin ?

572 Le bronze des cloches est composé de 78 % de cuivre et de 22 % d'étain : quel poids de chacun de ces métaux entre-t-il dans une cloche qui pèse 250 kilog. ?

573 Un vendeur remet 8 % du prix de sa marchandise, eu égard à l'emballage : calculez ce qu'il doit rabattre sur un ballot de 75 kilog. de cette marchandise.

574 La liquidation d'une faillite occasionne au créancier 35 % de perte : quelle perte doit essuyer le créancier auquel il était dû 6440 fr. ?

575 La liquidation d'une faillite entraîne 65 % de perte : quelle est la créance qui se réduit à 840 fr. ?

576 Que doit-on payer sur 90 mètres de drap, à 12 fr. 40 le mètre, si la remise est 4 % ?

577 La résine qui s'écoule des pins contient 15 % d'essence de térébenthine : quelle quantité d'essence contiennent 848 kilog. de résine ?

578 Par la mouture du blé, on obtient 75 % de farine et 25 % de son : dites la quantité de farine et la quantité de son que donnent 480 kilog. de blé.

579 Les os calcinés contiennent 11 % de phosphore : quelle quantité d'os calcinés faut-il pour obtenir 22 kilog. de phosphore ?

580 Les olives donnent 9 % d'huile : quel sera le rendement en huile de 2650 kilog. d'olives ?

581 Le transport d'une marchandise, estimée 2400 fr., est assuré à 1 1/2 % : que gagnent les assureurs, s'ils ont à payer 34 fr. pour le dommage ?

582 Un navire est assuré à 4 % ; sa cargaison est estimée 125000 fr., et il éprouve pour 24000 fr. d'avaries : quel est le bénéfice des assureurs ?

PARTAGES PROPORTIONNELS

RÈGLE DE SOCIÉTÉ

71 *Quand est-ce que des nombres sont proportionnels à d'autres nombres?*

C'est lorsque les nombres qui se correspondent dans
les deux séries forment une suite de rapports égaux.

$$\text{Ainsi les nombres } 8, \quad 12, \quad 20$$
$$\text{sont proportionnels à } 2, \quad 3, \quad 5$$
$$\text{parce qu'on a } \quad \frac{8}{2} = \frac{12}{3} = \frac{20}{5}$$

72 *Qu'est-ce que la règle de répartition proportionnelle ?*

La règle de répartition proportionnelle est **une**
opération par laquelle on partage un nombre en parties proportionnelles à d'autres nombres donnés.

73 *Quand est-ce qu'une règle de répartition proportionnelle est simple?*

C'est lorsque les nombres proportionnels ne sont
pas décomposés en facteurs.

74 *Quand est-ce que la règle de répartition est
composée?*

C'est lorsque les nombres proportionnels sont des
produits décomposés en facteurs.

75 *Qu'est-ce que la règle de société?*

La règle de société est une opération qui sert à
partager entre plusieurs associés le *profit* ou la *perte*
qui résulte de leur commerce.

76 *Quand est-ce que la règle de société est dite
simple?*

C'est lorsque toutes les mises des associés sont
placées pendant le même temps.

77 *Quand est-ce que la règle de société est dite
composée?*

C'est lorsque toutes les mises des associés ne sont
pas placées pendant le même temps.

MODÈLE DE CALCUL ET DE RAISONNEMENT
SUR LA RÈGLE DE RÉPARTITION PROPORTIONNELLE SIMPLE

Ex. Partagez 600 en parties proportionnelles à 3, 5, 7.

SOLUTION $3 + 5 + 7 = 15$.

Si la somme à partager était 15, les trois parts seraient évidemment 3, 5 et 7.

Si, au lieu d'avoir 15 à partager, on avait 1 seulement, chaque part serait 15 fois plus faible, ou $\frac{3}{15}$, $\frac{5}{15}$, $\frac{7}{15}$.

La somme à partager étant 600 fois plus forte que 1, chaque part sera 600 fois plus forte, et l'on aura :

$$\frac{3 \times 600}{15} = 1^e \text{ R. } 120$$
$$\frac{5 \times 600}{15} = 2^o \text{ R. } 200$$
$$\frac{7 \times 600}{15} = 3^o \text{ R. } 280$$

MODÈLE DE CALCUL ET DE RAISONNEMENT
SUR LA RÈGLE DE RÉPARTITION PROPORTIONNELLE COMPOSÉE

Ex. Deux ouvriers ont gagné ensemble 324 fr. ; le premier a travaillé 10 jours et 12 heures par jour; le second, 12 jours et 8 heures par jour: quelle sera la part de chacun d'après la durée de son travail?

SOL. Le 1ᵉʳ ouvrier a travaillé $10 \times 12 = 120$ heures;

Le 2ᵉ ouvrier a travaillé $12 \times 8 = 96$ heures.

Les ouvriers ont travaillé en tout 216 heures.

Pour 216 heures de travail, les 2 ouvriers ont gagné ensemble 324 fr. ;

Pour 1 heure de travail, chaque ouvrier a gagné 216 fois moins que pour 216 heures, ou $\frac{324}{216}$;

Le 1ᵉʳ ouvrier, en 120 heures, a gagné 120 fois plus que pour 1 heure, ou $\frac{324 \times 120}{216} = 180$ fr.

Le 2ᵉ ouvrier, en 96 heures, a gagné 96 fois plus que pour 1 heure, ou $\frac{324 \times 96}{216} = 144$ fr.

1ʳᵉ R. La part du 1ᵉʳ ouvrier sera de 180 fr.

2ᵉ R. La part du 2ᵉ ouvrier sera de 144 fr.

PROBLÈMES SUR LA RÈGLE DE RÉPARTITION PROPORTIONNELLE

583 Partagez 35 en deux parties, qui soient entre elles comme les nombres 2 et 3.

584 Partagez 32 en deux parties, qui soient entre elles comme les nombres 3 et 5.

585 Décomposez 36 en deux nombres, dont l'un soit le double de l'autre.

586 Décomposez 40 en deux nombres, dont l'un soit le triple de l'autre.

587 Décomposez 52 en deux nombres, tels que le plus grand contienne trois fois le plus petit.

588 Partagez 72 en trois nombres, qui soient entre eux comme 1, 2 et 3.

589 Partagez 80 en trois parts, qui soient entre elles comme 2, 3 et 5.

590 Partagez le nombre 84 en trois parts, telles que la plus grande contienne deux fois la moyenne, et la moyenne deux fois la plus petite.

591 Partagez 90 en trois parts, telles que la plus grande contienne deux fois la moyenne, et la moyenne trois fois la plus petite.

592 Partagez 56 en deux parts, telles que la plus petite soit les $2/5$ de la plus grande.

593 Décomposez 63 en deux parts, telles que la plus grande soit les $5/4$ de la plus petite.

594 Décomposez 100 en deux parts, telles que la plus grande, divisée par la plus petite, donne au quotient $2\,1/3$.

595 Décomposez 60 en deux parts, telles que la plus grande égale la plus petite multipliée par $1\,1/2$.

596 Deux particuliers se partagent 840 fr., de manière que quand le 1er a 4 fr., le 2d a 3 fr. : quelle est la part de chacun?

597 Trois jeunes gens se partagent 720 fr., de manière que quand le 1er a 2 fr., le 2e a 3 fr., et le 3e 4 fr. : dites la part de chacun.

598 Deux frères se partagent 18 450 fr., de manière que l'aîné ait trois parts et le cadet deux parts : que revient-il à chacun ?

599 Trois frères se partagent une succession de 22 500 fr., de manière que l'aîné ait quatre parts, le cadet trois parts et le dernier deux parts : quelle somme revient-il à chacun ?

600 Deux ouvriers ont gagné, le premier 1 850 fr., et le second 1 950 fr. Si le nombre total des journées de travail des deux ouvriers était de 380 jours, combien chacun a-t-il travaillé de jours ?

601 L'actif d'un failli n'est que 49 % de son passif ou de sa dette, qui s'élève à 62 585 fr. Un créancier est intéressé pour 7 048 fr. 60, un second pour 8 960 fr., et un troisième pour 12 430 fr.: que revient-il à chacun si les frais de justice s'élèvent à 6 % du passif ?

602 Deux menuisiers ont entrepris la boiserie d'un appartement ; le premier y a employé 8 ouvriers pendant 16 jours, et le second 10 pendant 14 jours : on demande quelle part chacun doit avoir, à proportion de sa dépense, sur 5 200 fr. qu'on destine à cet ouvrage.

603 Deux ouvriers veulent se partager la somme de 364 fr. qu'ils ont gagnée : on demande la part de chacun, sachant que le premier a travaillé 10 heures par jour pendant 18 jours, et le second 11 heures par jour pendant 25 jours.

604 On a employé 4 ouvriers pour faire un certain ouvrage ; le premier y a travaillé 16 jours et 8 heures par jour ; le second 15 jours et 10 heures par jour ; le troisième 18 jours et 9 heures par jour ; et le quatrième 20 jours et 8 heures par jour : la somme destinée à cet ouvrage étant de 450 fr., combien chacun doit-il avoir ?

MODÈLE DE CALCUL ET DE RAISONNEMENT
SUR LA RÈGLE DE SOCIÉTÉ SIMPLE

Ex. Trois marchands ont acheté une coupe de bois :
le premier y a contribué pour 275 fr. ; le deuxième, pour
475 fr. ; le troisième, pour 500 fr. Ils ont gagné 150 fr. :
calculez le gain de chacun à proportion de sa mise.

SOLUTION. La mise totale des trois marchands est de
$275 + 475 + 500 = 1\,250$ fr. ;

Avec 1 250 fr., on a gagné 150 fr. ;

Avec 1 fr., on a gagné 1 250 fois moins, ou $\frac{150}{1250}$;

Le premier marchand, avec 275 fr., a gagné 275 fois
plus, ou $\frac{150 \times 275}{1250} = 1^o$ R. 33 fr.

Le deuxième marchand, avec 475 fr., a gagné 475 fois
plus, ou $\frac{150 \times 475}{1250} = 2^o$ R. 57 fr.

Le troisième marchand, avec 500 fr., a gagné 500 fois
plus, ou $\frac{150 \times 500}{1200} = 3^o$ R. 60 fr.

MODÈLE DE CALCUL ET DE RAISONNEMENT
SUR LA RÈGLE DE SOCIÉTÉ COMPOSÉE

Ex. Deux négociants ont à se partager un gain de
3 450 fr. : dites la part de chacun, sachant que le premier a placé 3 000 fr. pendant 15 mois, et le second
1 200 fr. pendant 20 mois.

SOLUTION. Remplaçons chaque mise par une autre qui,
placée pendant un mois, donnerait le même bénéfice.

Le premier a placé 3 000 fr. pendant 15 mois. Pour
avoir le même bénéfice en un mois, il aurait dû placer
15 fois plus, ou $3\,000 \times 15 = 45\,000$ fr.

Le second aurait dû de même placer 20 fois plus pour
1 mois, ou $1\,200 \times 20 = 24\,000$ fr.

Pour 1 mois, la mise totale serait de 69 000 fr.

Avec 69 000 fr. en 1 mois, on aurait gagné 3 450 fr.

Avec 1 fr., on aurait gagné 69 000 f. moins, ou $\frac{3450}{69000}$;

Avec 45 000 fr., le premier aurait gagné 45 000 fois
plus, ou $\frac{3450 \times 45000}{69000} = 1^o$ R. 2 250 fr.

Avec 24 000 fr., le second aurait gagné 24 000 fois plus,
ou $\frac{3450 \times 24000}{69000} = 2^o$ R. 1 200 fr.

PROBLÈMES SUR LA RÈGLE DE SOCIÉTÉ

605 Avec 800 fr., deux associés ont gagné 200 fr.; le 1er avait mis 500 fr., et le 2d 300 fr. : calculez la part de bénéfice de chacun.

606 Deux associés ont gagné 360 fr. : dites la part de bénéfice de chacun, si la mise du 1er était de 900 fr., et celle du 2d de 1500 fr.

607 Deux associés ont gagné : le 1er. 260 fr., et le 2d, 340 fr. ; si la mise du 1er était de 2080 fr., calculez celle du 2d.

608 Deux associés ont gagné : le 1er, 225 fr., et le 2d, 375 fr., sur une mise totale de 2400 fr. : quelle est la mise de chacun?

609 La somme des mises de deux associés est de 24600 fr.; celle du 1er excède celle du 2d de 2400 fr.: quelle est la part de chaque associé, si le bénéfice est de 8610 fr. ?

610 La somme des mises de deux associés est de 14860 fr., et ils font un bénéfice de 743 fr. : quelle est la part de bénéfice de chacun, si la mise du 1er est les $2/3$ de celle du 2d?

611 Un débiteur a trois créanciers; il doit 12000 fr. au 1er, 15000 fr. au 2e, 18000 fr. au 3e, et ne peut leur donner que 29952 fr. : combien p. $^0/_0$ chaque créancier recevra-t-il sur sa mise ?

612 Un débiteur ne peut donner que 75 $^0/_0$ à ses créanciers; il donne au 1er 12600 fr.; au 2e, 15300 fr.; au 3e, 21900 fr. : combien chaque créancier a-t-il perdu ?

613 Deux associés ont mis : l'un 22500 fr., et l'autre 32800 fr. ; ils font un bénéfice égal à 64 $^0/_0$: quelle est la part de bénéfice de chacun ?

614 Deux associés ont réalisé un bénéfice égal à 40 $^0/_0$ du fonds social ; la part de bénéfice du 1er est de 2600 fr.; celle du 2d, de 1840 fr. : calculez la mise de chaque associé.

615 Trois associés ont mis : le 1er, 1 260 fr. ; le 2e, 1 840 fr. ; le 3e, 2 520 fr. ; ils ont réalisé un bénéfice de 0 fr. 80 c. par franc : quelle est la part de bénéfice de chacun ?

616 Trois associés ont mis : le 1er, 14 220 fr.; le 2e, 18 370 fr. ; le 3e, 23 590 fr. ; ils ont fait un bénéfice de 35 °/₀ : quelle est la part de bénéfice de chacun?

617 Deux ouvriers se partagent une somme de 304 fr., qu'ils ont gagnée : dites la part de chacun, si le 1er a travaillé 12 heures par jour pendant 15 jours, et le 2d, 10 heures par jour pendant 20 jours.

618 Deux marchands de bœufs ont loué une prairie la somme de 645 fr. ; le 1er met 60 bœufs pendant 90 jours, et le 2d, 80 pendant 40 jours : combien chacun a-t-il payé ?

619 Deux rouliers ont entrepris un transport; le 1er y a mis 72 chevaux pendant 10 jours, et le 2d, 90 chevaux pendant 6 jours: combien chacun doit-il avoir si on leur donne 10 395 fr. ?

620 Trois marchands de chevaux ont loué une écurie la somme de 327 fr. 60; le 1er y a mis 35 chevaux pendant 6 mois; le 2e, 60 pendant 15 mois, et le 3e, 45 pendant 10 mois : combien chacun doit-il payer ?

621 Deux ouvriers ont fait un ouvrage qui leur a été payé 225 fr.; le 1er y a travaillé 15 jours et 8 h. par jour; le 2d, 18 jours et 10 heures par jour : quelle somme revient à chaque ouvrier ?

622 Dites la part de deux associés sur un bénéfice de 1233 fr., si le 1er a mis 2 800 fr. pendant 2 ans, et le 2d, 1 500 fr. pendant 18 mois.

623 Trois marchands ont gagné 1 542 fr. ; le 1er avait mis 1 200 fr. pour 18 mois; le 2e, 1 800 fr. pour 15 mois, et le 3e, 200 fr. pour 14 mois : combien chacun doit-il avoir du gain ?

NOTES SUR LES MONNAIES

TABLEAU DES PIÈCES DE MONNAIE		
DÉNOMINATION des PIÈCES	POIDS EXACT en GRAMMES	DIAMÈTRE en MILLIMÈTRES
OR 100 fr.	32 gr. 258	35 millim.
50 »	16, 129	28 »
20 »	6, 45161	21 »
10 »	3, 22480	19 »
5 »	1, 61290	17 »
ARGENT 5 »	25	37 »
2 »	10	27 »
1 »	5	23 »
50 cent.	2, 50	18 »
20 »	1	15 »
BRONZE 10 »	10	30 »
5 »	5	25 »
2 »	2	20 »
1 »	1	15 »

POIDS RELATIF DES MONNAIES, A VALEUR ÉGALE

78 *Combien une somme de bronze pèse-t-elle de fois plus que la même somme d'argent?*

Une somme de bronze pèse 20 fois plus que la même somme d'argent.

79 *Combien une somme d'argent pèse-t-elle de fois plus que la même somme en or?*

Une somme en argent pèse 15 fois $\frac{1}{2}$ plus que la même somme en or.

80 *Que pèsent les monnaies en argent?*

Les monnaies en argent pèsent 5 grammes par franc.

81 *Que pèsent les monnaies en bronze?*

Les monnaies en bronze pèsent 100 grammes par franc, ou 1 gramme par centime.

82 *Comment calculez-vous le poids de 1 franc en bronze?*

En multipliant 5 grammes par 20, c'est-à-dire en prenant 20 fois le poids d'un franc en argent.

83 *Que pèsent les monnaies en or?*

Les monnaies en or pèsent par franc 0 gr. 32258.

84 *Comment calculez-vous le poids de 1 franc en or?*

En divisant par 15,50 le poids de 1 franc en argent, qui est de 5 grammes.

VALEUR RELATIVE DES MONNAIES, A POIDS ÉGAL

85 *Combien une somme en or vaut-elle de fois plus qu'une somme en argent de même poids?*

Une somme en or vaut 15 fois $\frac{1}{2}$ plus qu'une somme en argent de même poids.

86 *Combien une somme en argent vaut-elle de fois plus qu'une somme en bronze de même poids?*

Une somme en argent vaut 20 fois plus qu'une somme en bronze de même poids.

87 *Qu'appelle-t-on alliage dans les monnaies?*

On appelle alliage, dans les monnaies, le cuivre que l'on ajoute à l'or et à l'argent pour les rendre plus durs et plus résistants.

54 NOTES SUR LES MONNAIES

DU TITRE DES PIÈCES DE MONNAIE

88 *Qu'est-ce que le titre des monnaies?*

Le titre des monnaies est le rapport du poids de la matière précieuse au poids total.

89 *Quel est le titre des monnaies d'or?*

Les monnaies d'or sont au titre de 0,9, c'est-à-dire que les 0,9 de leur poids sont d'or, et l'autre dixième de cuivre.

90 *Quel est le titre des monnaies d'argent?*

Les pièces d'argent de 5 fr. sont au titre de 0,9; c'est-à-dire que les 0,9 de leur poids sont d'argent pur, et l'autre dixième de cuivre.

Les pièces d'argent de 2 fr., de 1 fr., de 0 fr. 50 et de 0 fr. 20 sont au titre de 0,835; c'est-à-dire que les 835 millièmes de leur poids sont d'argent pur, et 165 millièmes sont de cuivre.

91 *Quel est l'alliage des monnaies de bronze?*

Les monnaies de bronze se composent en poids de 0,95 de cuivre, de 0,04 d'étain et de 0,01 de zinc.

TITRE DES OBJETS D'ORFÉVRERIE

92 La loi admet, dans l'orfévrerie et la bijouterie, trois titres pour les objets en or, et deux titres pour les objets en argent.

Les trois titres pour les objets d'or sont :

$$\frac{920}{1000}, \quad \frac{840}{1000} \quad \text{et} \quad \frac{750}{1000}.$$

Les deux titres pour les objets d'argent sont :

$$\frac{950}{1000} \quad \text{et} \quad \frac{800}{1000}.$$

FABRICATION DES MONNAIES

93 La fabrication des monnaies se pratique dans des établissements de l'État appelés *Hôtels des Monnaies;* elle est l'objet d'une entreprise concédée par le gouvernement, qui en confie le contrôle et la surveillance à une commission dite *Commission des monnaies et des médailles.*

Les frais de la fabrication des monnaies, supportés par les porteurs d'or ou d'argent, sont fixés à 6 fr. 70 par kilogramme d'or monnayé au titre de 0,900, et à 1 fr. 50 par kilogram. d'argent monnayé au titre de 0,900.

Moyennant cette retenue, les directeurs de la fabrication se chargent de tous les frais accessoires d'entreprise : ils fournissent le cuivre pour l'alliage, rempla-
cent et entretiennent le mobilier monétaire, etc.

VALEUR D'UN KILOGRAMME D'ARGENT MONNAYÉ, D'OR MONNAYÉ

94 *Que vaut un kilogramme d'argent monnayé?*

Un kilogramme d'argent monnayé vaut autant de
fois 1 fr. qu'il pèse de fois 5 grammes, c'est-à-dire
qu'il vaut $\frac{1000}{5} = 200$ fr.

95 *Que vaut un kilogramme d'or monnayé?*

D'après la valeur relative des monnaies d'or et
d'argent, un kilogramme d'or monnayé vaut 15 fois
et demie autant qu'un kilogramme d'argent monnayé : il vaut donc $200 \times 15,50 = 3100$ fr.

VALEUR D'UN KILOGRAMME D'ARGENT PUR, D'OR PUR

96 *Que vaut 1 kilogramme d'argent pur?*

Un lingot d'argent, au titre de 0,900 et pesant 1 kilogramme, vaut 200 fr.; mais pour le convertir en monnaie, les frais de fabrication s'élèvent à 1 fr. 50, en
sorte que l'hôtel des monnaies ne donne au possesseur
du lingot que 198 fr. 50. Or ce lingot ne contient que
900 grammes d'argent pur, à cause des 100 grammes de
cuivre qui constituent l'alliage, et comme le cuivre est
compté pour rien, il en résulte que
900 grammes d'argent pur valent 198 fr. 50.
1 gramme d'argent pur vaut 900 fois moins, ou
$\frac{198,50}{900}$.

1 kilogramme d'argent pur vaut 1 000 fois plus qu'un
gramme, ou $\frac{198,50 \times 1000}{900} = 220$ fr. 55.

97 *Que vaut 1 kilogramme d'or pur?*

Un kilogramme d'or au titre de 0,900 vaut 3100 fr.;
pour le convertir en monnaie, les frais de fabrication
s'élèvent à 6 fr. 70, en sorte que l'hôtel des monnaies
ne livre que 3 093 fr. 30. Or ce kilogramme d'or monnayé ne renferme, à cause du titre, que 900 grammes
d'or pur. Donc 900 grammes d'or pur valent 3 093 fr. 30.
1 gramme d'or pur vaut 900 fois moins, ou $\frac{3093 \text{fr.} 30}{900}$.

1 kilogramme d'or pur vaut 1 000 fois plus qu'un
gramme, ou $\frac{3093,30 \times 1000}{900} = 3437$ fr.

PROBLÉMES SUR LES MONNAIES

624 Depuis 1795 jusqu'en 1878 on a fabriqué, en France, pour 7 147 852 360 fr. en pièces de 20 fr. On demande quelle longueur on obtiendrait en mettant toutes ces pièces les unes à la suite des autres, sur une même ligne droite, le diamètre ou largeur de la pièce étant de 0 mètre 021 ?

625 Quel serait le poids d'une somme en argent valant autant que 1 165 406 fr. 93 en bronze ? — Cette somme est celle qui a été fabriquée en France, depuis 1852 jusqu'en 1878, en pièces de 1 centime.

626 Quel serait en quintaux métriques le poids d'une somme en or valant autant que 33 261 014 fr. 20 en bronze ? — Cette somme est celle qui a été fabriquée en France, depuis 1852 jusqu'en 1878, en pièces de 10 centimes.

627 On fond ensemble une pièce de 5 fr, une de 2 fr., une de 1 fr., une de 0 fr. 50 et une de 0 fr. 20 en argent. Quel est le titre du lingot obtenu ?

628 Il a été émis en France, depuis 1852, pour 62 791 224 fr. 90 de monnaie de bronze. On demande le poids du cuivre, celui de l'étain et celui du zinc qui entrent dans la composition de cette somme ?

629 On a fabriqué en France, depuis 1795 jusqu'en 1878, pour 8 620 744 800 fr. de pièces d'or et pour 5 289 786 559 fr. 60 de pièces d'argent. Quel est en tonnes le poids de toutes ces pièces ?

630 En 1878 on a fabriqué, à Bordeaux, des pièces de 5 fr. en argent pour 1 815 650 fr. On demande : 1° le poids du cuivre qui entre dans ces pièces ; 2° le prix de fabrication de ces pièces ?

631 On voit au cabinet de minéralogie du jardin des Plantes, à Paris, le fac-similé, en plâtre doré, d'une pépite d'or, du poids de 95 kilogr., trouvée en Australie. On demande : 1° la valeur de cette pépite à l'hôtel des monnaies ; 2° combien cette pépite permettait de fabriquer de pièces de 20 fr. ?

NOTIONS SUR LA MESURE DU TEMPS

98 *Qu'est-ce qu'un jour ?*

Le jour est le temps employé par la terre pour faire un tour complet sur son axe.

99 *Comment se subdivise le jour ?*

Le jour se subdivise en vingt-quatre heures, l'heure en soixante minutes et la minute en soixante secondes.

Une durée de 4 jours 7 heures 12 minutes 42 secondes s'écrit : 4 j. 7 h. 12 m. 42 s.

100 *Qu'est-ce que l'année solaire ?*

L'année solaire est le temps que la terre emploie pour faire une révolution complète autour du soleil.

101 *Quelle est la durée de l'année solaire ?*

La durée de l'année solaire est d'environ 365 jours $\frac{1}{4}$, ou exactement de 365 jours 5 h. 48 m. 47 s.

102 *Quelle est la durée de l'année commune ?*

L'année civile a 365 jours, et l'année bissextile 366.

103 *Comment connait-on qu'une année est bissextile ?*

C'est lorsque les deux chiffres à droite du millésime forment un nombre divisible par 4.

Le millésime est le nombre qui désigne l'année.

Ex. L'année 1810 n'a pas été bissextile, parce que 10 n'est pas divisible par 4, mais l'année 1812 l'a été, parce que 12 est divisible par 4.

104 *Dites les années séculaires qui sont bissextiles ?*

Ce sont celles dont les deux premiers chiffres à gauche du millésime forment un nombre divisible par 4.

Ex. L'année 1800 n'a pas été bissextile, 1900 ne le sera pas non plus, tandis que l'année 2000 le sera, parce que 20 est divisible par 4.

105 *Où place-t-on le jour que l'année bissextile a de plus que les autres ?*

On le place à la fin du mois de février.

106 *Qu'est-ce qu'un siècle ?*

Un siècle est une durée de cent années.

107 *Qu'appelle-t-on lustre ?*

On appelle lustre, en parlant de la vie humaine, une durée de cinq ans.

1er *Ex.* Réduisez en secondes 12 jours 5 heures 22 minutes 55 secondes.

<table>
<tr><td>

```
      12
      24
     ───
      48
      24
     ───
     288
       5
     ───
     293
      60
   ───────
   17 580
       22
   ───────
   17 602
       60
   ───────
 1 056 120
        55
 ───────────
 1 056 175
```

</td><td>

1 jour = 24 heures.

12 jours = 24 × 12 . . = 288 heur.

288 h. + 5 h. = 293 heures.

1 heure = 60 minutes.

293 heures = 60 × 293 . . = 17 580 m.

17 580 m. + 22 m. = 17 602 minutes.

1 minute = 60 secondes.

17 602 minutes = 60 × 17 602 = 1 056 120 s.

1 056 120 + 55 s. = R. 1 056 175 s.

</td></tr>
</table>

2e *Ex.* Cherchez le nombre de jours, d'heures, de minutes et de secondes dans 6 435 085 secondes.

```
6 435 085 | 60
    435   |─────────
    150   | 107 251 | 60
    308   |   472   |──────────
     85   |   525   | 1 787 | 24
     25'' |   451   |  107  |──────────
          |    31'  |  11 h.| 74 jours.
```

1 minute vaut 60 secondes ; pour savoir combien il y a de minutes dans le nombre donné 6 435 085, je le divise par 60 et j'obtiens 107 251 minutes avec un reste de 25 secondes.

En divisant 107 251 minutes par 60, j'obtiens 1 787 heures avec un reste de 31 minutes.

Enfin, en divisant 1 787 heures par 24, j'obtiens 74 jours avec un reste de 11 heures.

Le nombre donné 6 435 085 secondes représente donc une durée de 74 jours complets plus les restes de chaque division, 11 heures, 31 minutes, 25 secondes.

PROBLÈMES SUR LA MESURE DU TEMPS

632 Combien y a-t-il eu d'années bissextiles depuis 1800 jusques et y compris l'année 1880?

633 Combien s'est-il écoulé d'heures depuis le 1er janvier 1870 jusqu'au 31 décembre 1880?

634 Combien y a-t-il d'années, de jours et d'heures dans 1 500 000 minutes?

635 L'année solaire se compose de 365 jours, 5 heures, 48 minutes, 47 secondes. Combien de secondes dure cette année?

636 Un train express met 2 heures 40 minutes pour aller de Paris à Rouen et un train omnibus met 4 h. 32 m. pour faire le même trajet. Combien le premier train met-il moins de temps que le second?

637 De Paris à Dijon, un train express met 5 h. 24 m.; de Dijon à Lyon, 3 h. 20 m.; de Lyon à Marseille, 6 h. 15 m. On demande quel temps ce train met pour aller de Paris à Marseille, si les arrêts de Dijon et de Lyon prennent en tout 26 minutes.

638 En 1880, la durée du printemps a été de 92 jours, 20 h., 18 m.; celle de l'été, de 93 jours, 14 h., 35 m.; celle de l'automne, de 89 jours, 17 h., 51 m.; et celle de l'hiver (1879-1880), de 89 jours, 50 m. On demande : 1° quelle a été la durée des quatre saisons; 2° combien le printemps et l'été réunis ont duré de plus que l'automne et l'hiver.

639 En 1866, l'été a commencé le 21 juin, à 4 h. 43 m. du soir, et s'est terminé le 23 septembre, à 6 h. 59 m. du matin. Quelle a été la durée de cette saison?

640 La durée d'une lunaison, c'est-à-dire le temps qui s'écoule entre deux nouvelles lunes consécutives, se compose de 29 jours, 12 heures, 44 minutes, 3 secondes, et se divise en quatre quartiers d'égale longueur. Quelle est la durée d'un de ces quartiers?

PROBLÈMES DE RÉCAPITULATION

641 On a payé 153 fr. pour 34 mètres de calicot et 168 de toile. Quel est le prix du mètre de chaque étoffe, sachant que le mètre de toile coûte 1 fr. 40 de plus que le mètre de calicot?

642 Un père de famille a acheté du blé à deux reprises différentes et au même prix; il en a acheté d'abord pour 85 fr. et ensuite pour 119 fr. Sachant que la seconde fois il en a eu 8 décalitres de plus que la première, trouver combien il a acheté de doubles décalitres en tout.

643 On a échangé une propriété de 62 hectares 728 centiares, estimée 2 fr. 40 l'are, contre une propriété qui ne vaut que 182 fr. 55 l'hectare. Quelle est l'étendue de celle-ci?

644 Un marchand a acheté 215 hectolitres de froment à 25 fr. l'hectolitre, 308 hect. de seigle à 11 fr. l'hect., 804 hect. d'avoine à 9 fr. l'hect.; il propose de payer le tout en 6 mois et par égales portions. On demande ce qu'il aura à payer chaque mois.

645 Un particulier qui devait 550 fr. a donné en payement 6 pièces de vin de chacune 230 litres à 0 fr. 65 le litre, 8 pièces de 225 litres à 0 fr. 75 le litre, et 7 pièces à 0 fr. 80 'e litre. Quel était le nombre de litres de chacune de ces dernières pièces?

646 Un ouvrier gagne 3 fr. 75 par jour et dépense 14 fr. 50 par semaine. En combien d'années aura-t-il économisé 1 855 fr., s'il travaille en moyenne 300 jours par an?

647 En cinq jours, un fumeur consomme un demi-hectogramme de tabac valant 9 fr. le kilogr. On demande : 1° ce que cette habitude de fumer

coûte chaque année à celui qui l'a contractée ; 2° combien de litres de vin il pourrait acheter avec l'argent ainsi employé, si 1 hectolitre de vin coûte 40 francs.

648 Un épicier a vendu dans sa journée 58 kilogr. 750 de café à 6 fr. 40 le kilogramme. Quel a été son bénéfice sur cette vente, si le café lui coûtait 595 fr. le quintal ? Combien doit-il en servir à un client qui lui en demande pour 0 fr. 80 ?

649 Un ouvrier qui a chômé 63 jours dans l'année a payé 1 fr. 75 par jour pour sa nourriture, 18 fr. 75 par mois pour son logement et 238 fr. pour son entretien : il a pu économiser 350 fr. Combien a-t-il gagné par jour de travail ?

650 Un brasseur s'approvisionne d'orge, au prix de 19 fr. 80 les 120 kilogr. ; il aura à payer en outre, pour droits d'entrée à l'octroi, 1 fr. 50 pour 100 kilogrammes. Sachant que le double-décalitre d'orge pèse 12 kilogr. 8, on demande combien ce brasseur pourra se procurer d'hectolitres d'orge pour 2 440 fr. ?

651 Un pré, de la contenance de 3 hectares 6 ares, a été vendu en trois lots. Le premier lot, qui contenait 58 ares 46, a été vendu 42 fr. l'are ; les deux autres lots, qui étaient égaux, ont été vendus l'un 46 fr. et l'autre 47 fr. l'are. Combien le pré entier a-t-il été vendu ? Aurait-il été plus avantageux de le vendre en un seul lot, à 4 500 fr. l'hectare ?

652 On retire de 100 kilogrammes de betteraves, 6 kilogr. 5 de sucre et 2 kilogr. 4 de mélasse. Combien de sucre et de mélasse peut donner la récolte d'un terrain de 4 hectares 6 ares, qui produit 32 000 kilogr. de betteraves par hectare ?

653 Un tonneau a été pesé successivement plein d'eau, et vide : la première pesée a donné 216 kilogrammes de plus que la seconde. On remplit ce tonneau d'une huile dont chaque litre pèse 915 grammes, et qui coûte 1 fr. 75 le kilogr. On demande le prix de l'huile qui remplit le tonneau ?

654 On a versé un seau plein d'eau dans une fontaine à filtre. Le robinet étant ouvert, il s'écoule 2 décilitres d'eau en 7 secondes. Quelle est la quantité d'eau qui avait été versée dans la fontaine, si cette fontaine est vide au bout de 3 minutes et demie ?

655 Un litre d'eau de mer pèse 1 kilogr. 26 gr. et contient $2\frac{1}{2}$ pour cent de sel. Dans combien de litres de cette eau y a-t-il 30 kilogr. de sel?

656 En admettant qu'une personne consomme 198 litres de blé par an, et qu'un moulin en puisse moudre 35 hectolitres par jour, combien faudra-t-il de moulins pour moudre en 242 jours la quantité de blé nécessaire à la consommation annuelle de 37 500 000 habitants?

657 On a vendu pour 875 fr. 40 de charbon, à raison de 8 fr. 50 les 100 kilogr. Combien avait-il fallu employer de stères de bois pour faire ce charbon, sachant qu'un stère avait rendu 384 décimètres cubes de charbon, et que le poids du mètre cube était de 240 kilogr.?

658 On achète 25 kilogr. de marchandise à 1 fr. 45 le kilogr.; on paye ensuite 3 fr. au commissionnaire pour l'apporter, 0 fr. 25 par kilogr. pour la préparer à la vente, et enfin on veut gagner 0 fr. 75 par kilogr., tous frais faits. Combien doit-on revendre le kilogramme?

659 Un propriétaire achète, le 1er mars, un troupeau de 150 moutons; il le fait garder par un berger auquel il donne 100 fr. par mois. Le 1er novembre il revend son troupeau pour 6 0 0 fr. Sachant qu'il a gagné 1 500 fr. sur ce marché, on demande ce que lui coûtait chaque mouton?

660 Un fabricant de sucre a employé 218 tonnes de betteraves, et en a extrait 16 147 kilogr. de sucre. Calculer, à un décagramme près, la quantité de sucre qu'on peut extraire de 100 kilogr. de betteraves.

661 Un fabricant d'amidon achète à un cultivateur le blé produit par un terrain de 3 hectares 45. On demande la quantité d'amidon que pourra donner le blé récolté, si 33 kilogr. de ce blé donnent 17 kilogr. 16 d'amidon, et si ce terrain produit, par 20 000 mètres carrés, 52 hectolitres 85 de blé, pesant 76 kilogr. l'hectolitre.

662 J'achète des fagots à 30 fr. le cent, à condition d'en recevoir 4 par cent en plus; on m'en livre 936. Combien dois-je payer? — Si je les avais achetés au détail à 40 centimes, combien aurais-je dépensé de plus?

663 J'ai fait remplir de vin un tonneau de 7 décalitres 5 litres. L'hectolitre de ce vin coûte 45 fr.; mais on me fait une remise de 3 p. $^0/_0$ parce que je paye comptant. Combien dois-je débourser? Comme il se trouve à la fin 2 litres 5 de lie, dites à combien me revient en réalité le litre de ce vin.

664 Un marchand de bois a acheté une pile de bûches pour la somme de 120 fr. et l'a revendue à raison de 6 fr. le stère. La pile ayant 8 mètres 60 de longueur sur 2 mètres 60 de largeur, et les bûches 1 mètre 54 de longueur, on demande quel a été son bénéfice.

665 Un marchand vend du bois de chauffage, soit à raison de 25 fr. 50 le stère, soit à raison de 2 fr. 50 le quintal métrique. De quel côté est l'avantage pour l'acheteur, si le bois pèse les 0,82 de ce que pèse l'eau sous le même volume?

666 Un marchand vend du bois à 25 fr. le stère, ou à 2 fr. 60 le quintal métrique. Est-il plus avantageux, pour l'acheteur, d'acheter au poids ou au stère? Le stère de ce bois pèse 820 kilogr.

667 Un sac, contenant différentes espèces de monnaies, pèse 3 191 grammes 20. Sachant qu'il renferme 525 fr. 50 de monnaie d'argent et 120 fr. de monnaie d'or, dire combien il contient de monnaie de cuivre. Le sac lui-même pèse 25 grammes.

668 Un sac d'argent pèse 6 kilogr. et contient un nombre égal de pièces de 5 fr., de 2 fr. et de 1 fr. On demande le montant de la somme contenue dans ce sac et le nombre de pièces de chaque espèce.

669 Un sac contient des poids égaux de monnaie d'argent et de monnaie de bronze, dont la valeur totale est 9 fr. 45. Quel est le poids et quelle est la valeur de chaque espèce de monnaie prise à part?

670 Combien fera-t-on de pièces de 0 fr. 50 avec un lingot d'argent pesant 137 décagrammes 25 décigrammes, s'il est au titre de 0,900? Combien en ferait-on s'il était d'argent pur?

671 Un sac renferme une certaine somme, dont 5 549 fr. 60 en argent, 40 centines en cuivre et le reste en or. On demande combien de francs le sac renferme en tout et combien en or, sachant que le poids net de toute la somme est de 29 kilogr. 288 grammes.

672 On a un lingot d'argent pur qui pèse 10 020 grammes. Trouver quelle quantité de cuivre il faut y ajouter pour en faire de la monnaie au titre de 0,835, et combien on pourra faire de pièces de 2 fr. et de 1 fr., en nombre égal, avec le nouveau lingot ainsi obtenu.

673 Quel est le poids d'argent pur qui entre dans la fabrication d'une somme composée de 28 pièces de 5 fr., de 17 pièces de 2 fr. et de 34 pièces de 20 centimes?

674 Le savon vert se compose de 8 pour cent de potasse, 42 pour cent de matière grasse et 50 pour cent d'eau. Combien de grammes de chaque matière dans 1 kilogr. de savon?

675 Un marchand a acheté un tonneau d'huile à raison de 65 fr. 75 l'hectolitre; les frais de transport ont été fixés à 15 fr. 25 le quintal. La capacité du tonneau est de 124 litres 75; le poids du litre d'huile est les 0,91 de celui de l'eau et le vase vide pèse 50 kilogr. Combien le marchand doit-il revendre le litre d'huile pour réaliser un bénéfice de 12 % sur le prix d'achat?

676 Un marchand a acheté six pièces de vin de 228 litres chacune ; il a payé 547 fr. 30 d'achat, 52 fr. de transport, 228 fr. de droits et 20 fr. de commission ; il trouve 5 litres 4 de lie dans chaque pièce. Combien ce marchand doit-il vendre le litre de ce vin pour gagner 240 fr. sur le tout, et combien gagne-t-il ainsi p. $_0/^0$?

677 Un fermier a récolté 22 hectolitres de graines de cameline qu'il pouvait vendre 23 fr. l'hectolitre ; il a préféré convertir cette graine en huile à brûler et abandonner le tourteau pour les frais de fabrication. Pour 100 kilogr. de graine, il a eu 27 kilogr. d'une huile qu'il a vendue 1 fr. 20 le kilogr. Quel bénéfice a-t-il fait, sachant que l'hectolitre de cameline pesait 69 kilogr. ?

678 Un jeune homme, commis à la ville, reçoit un traitement de 1 100 fr. ; son logement lui coute 80 fr. par an ; il paye 1 fr. 95 par jour au restaurant pour sa nourriture ; dépense 270 fr. 25 pour entretien (blanchissage, etc.) et fait chaque mois, dans sa famille, un voyage qui coûte 4 fr.

Son frère, journalier à la campagne, gagne 2 fr. 85 par jour en moyenne ; son logement lui coûte 50 fr. par an ; il dépense 527 fr. 25 pour sa nourriture et 102 fr. pour son entretien. On compte 60 jours de chômage dans l'année de 365 jours.

On demande : 1° quelle somme chacun des deux frères possède au bout de l'an ; 2° combien le second dépense par jour pour sa nourriture ?

679 On admet que le café éprouve, quand on le brûle, un déchet égal aux 23 centièmes de son poids. D'après cela, combien faut-il qu'un marchand vende le kilogramme de café brûlé, si le café vert lui a coûté 269 fr. 50 la caisse de 100 kilogr. et s'il veut gagner 0 fr. 90 par kilogramme ?

680 Une marchande fait confectionner 3 douzaines 1/2 de chemises avec de la toile valant 2 fr. 60 le mètre ; il faut 8 mètres 60 de toile pour 3 che-

mises, et l'on donne à l'ouvrière chargée de la confection 11 fr. pour 6 jours de travail. Cette ouvrière fait 7 chemises en 5 jours. Combien coûtent les 3 douzaines $1/_2$ de chemises et combien cette marchande devra-t-elle vendre la demi-douzaine de ces chemises pour gagner 25 fr. 70 sur le tout?

681 Une mère de famille achète de la toile pour faire 4 douzaines $1/_2$ de chemises. On sait qu'il faut 3 mètres 25 de toile pour faire une chemise, et que la façon revient à 18 fr. la douzaine. Quel sera le montant de la dépense, si la toile coûte 1 fr. 40 le mètre et si les menues fournitures reviennent à 1 fr. 60 par douzaine? Dire également à combien revient une chemise.

682 Une mère de famille achète pour 26 fr. 80, à raison de 0 fr. 95 le mètre, une pièce de toile de coton destinée à faire à chacun de ses trois enfants un nombre égal de chemises. Il faut 2 mètres de toile pour chaque chemise de l'aîné, 1 mètre 50 pour chaque chemise du cadet et 1 mètre 20 pour chaque chemise du plus jeune. On demande : 1° combien chaque enfant aura de chemises ; 2° à quel prix reviendra chaque chemise de chaque série, sachant que la façon d'une chemise est indistinctement payée 0 fr. 70.

683 Pour clarifier le vin, on emploie les blancs d'œufs à raison de 75 grammes de blanc d'œuf par hectolitre. D'après cela, on demande : 1° combien il faudra d'œufs pour le collage de 672 hectolitres de vin, un œuf contenant en moyenne 30 grammes de blanc; 2° quel sera le prix des œufs employés, s'ils coûtent 0 fr. 60 la douzaine?

684 Quelle est la capacité d'un vase, sachant que l'huile qui en remplit les $5/_7$ pèse autant que 585 fr. 50 en monnaie d'argent? L'hectolitre d'huile pèse 90 kilogr.

685 Un marchand a acheté 525 mètres 20 d'étoffe, a raison de 10 fr. 50 le mètre; il en revend

d'abord les $3/5$ à raison de 12 fr. 40 le mètre, et il désire gagner 1 155 fr. 44 sur le tout. Combien doit-il vendre le mètre de ce qui lui reste?

686 Un marchand a acheté une pièce de toile de 80 mètres, à 1 fr. 25 le mètre; il en revend la moitié à 1 fr. 75, le quart à 1 fr. 80 et le reste à 1 fr. 90 le mètre. Combien a-t-il gagné sur le tout et combien pour cent sur le prix d'achat?

687 On a acheté 275 mètres de drap à 14 fr. 40 le mètre; on en a revendu les $3/5$ avec un bénéfice de 15 p. $0/0$, et le reste à 13 fr. 75 le mètre. Quel bénéfice réel a-t-on fait?

688 Un marchand achète 75 mètres 80 de velours à 19 fr. 75 le mètre; il en paye les $4/7$ avec du drap valant 12 fr. le mètre et le reste en argent. Combien livre-t-il de mètres de drap et quelle somme débourse-t-il?

689 Un bassin reçoit par quart d'heure 22 litres $\frac{3}{4}$ d'eau, et en perd 3 litres $1/3$ dans le même temps. Combien conservera-t-il de litres dans une heure et demie?

690 Un ouvrier boit chaque jour, depuis 25 ans, 0 litre 18 d'eau-de-vie, à 1 fr. 80 le litre, et fume tous les 7 jours, depuis la même époque, pour 1 fr. 40 de tabac. Calculer : 1° la somme dépensée inutilement par cet ouvrier; 2° l'intérêt annuel que produirait cette même somme placée à 6 $0/0$ par an.

691 La Caisse d'épargne donne 3 fr. 50 d'intérêt pour cent par an. Une personne économe y a déposé 80 fr. le 1er janvier et 120 fr. le 1er avril; elle retire son argent à la fin de décembre de la même année. On demande combien elle recevra en tout, capital et intérêt.

692 Quelqu'un a deux propriétés : l'une de 75 600 mètres carrés, qu'il vend 2 475 fr. l'hectare; l'autre, dont la contenance est les $7/8$ de la première, et qu'il vend 35 fr. l'are. Il place le produit de ces deux ventes à 4 $1/2$ $0/0$, et, de l'intérêt qu'il en retire, il

ne dépense que 3 fr. 45 par jour. On demande quelle est son économie par jour.

693 Un capitaliste vend 3 000 fr. de rente 4 1/2 % au cours de 82 fr. 71, et vend la même somme de rentes 3 % au cours correspondant au précédent. Il emploie son argent à l'achat d'une métairie qu'il fait valoir lui-même. On sait que les frais d'achat de la métairie s'élèvent à 66 fr. par 1 000 fr. du prix d'acquisition; on sait, en outre, que le revenu net de cette métairie s'élève à 3 517 fr. 80. On demande: 1° à quel cours il a vendu son 3 %; 2° combien la métairie lui rapporte pour cent:

694 Une vigne de 35 ares 48 centiares a été achetée au prix de 148 fr. l'are. Elle produit en moyenne 65 hectolitres de vin par an; ce vin se vend 4 fr. 50 le décalitre. Les dépenses annuelles, pour travaux et contributions, s'élèvent à 349 fr. Combien p. 0/0 rapporte la somme qui a été donnée pour l'achat de cette vigne?

695 On demande quelle est, en litres, la capacité d'un vase, sachant que l'eau qui remplissait ce vase pèse autant que 25 pièces de 5 fr. en argent, plus 64 pièces de 10 centimes?

696 Un rentier charitable consacre le dixième de son revenu en œuvres de bienfaisance et en dépense les 75 centièmes; après cela, il a encore 678 fr. à dépenser par an. Quel est son revenu annuel?

697 On veut carreler une salle longue de 8 mètres 25 et large de 6 mètres avec des carreaux ayant 15 centimètres de côté; ces carreaux coûtent 42 fr. le mille, et pour les poser il faut donner à l'ouvrier 0 fr. 50 par mètre carré. Quelle est la dépense totale?

698 A combien revient un bloc de pierre cubique de 0 mètre 84 de côté, si la pierre vaut 7 fr. 50 le mètre cube et la taille 1 fr. 15 le mètre carré?

699 Un terrain rectangulaire a 80 mètres de longueur. Quelle est sa largeur, sachant que la surface est de 28 ares 32 centiares?

700 Il faut 800 mètres de tuyaux pour drainer 1 hectare de terre. Calculer la dépense nécessaire pour drainer une pièce de terre de 3 hectares 15 ares, en supposant que le mètre de tuyaux coûte 0 fr. 35, que chaque tuyau ait une longueur de 0 mètre 25, et, enfin, que la pose soit de 5 fr. par centaine de tuyaux.

701 On veut paver une rue de 100 mètres de longueur sur 8 mètres 50 de largeur avec des pavés occupant en moyenne une superficie de 170 centimètres carrés. Combien faudra-t-il de ces pavés?

702 Un salon de 8 mètres 50 de longueur sur 4 mètres 75 de largeur a été lambrissé à la hauteur de 0 mètre 95. Combien coûte le lambris, à raison de 9 fr. 60 le mètre carré?

703 Quelle longueur faut-il donner à une boîte de 3 centimètres de largeur et 2 centimètres de profondeur, pour contenir 28 dominos de chacun 3 centimètres de long sur 1 centimètre et demi de large et 5 millimètres d'épaisseur?

704 On veut faire confectionner à un ouvrier une boîte à dominos. Trouver quelles doivent être les dimensions intérieures de cette boîte, sachant : 1° que les dominos dont il s'agit ont 45 millimètres de long, 22 de large et 9 d'épaisseur; 2° qu'on veut les disposer, comme d'habitude, en 4 rangées superposées de 7 dominos chacune; 3° que, pour faciliter l'introduction dans la boîte, l'ouvrier devra ménager un vide de 2 millimètres dans tous les sens. Comme cette boîte vide pèse 233 grammes 50, et, lorsqu'elle contient les dominos 650 grammes, trouver le poids moyen d'un seul domino.

705 L'eau, en se congelant, augmente de $\frac{1}{15}$ de son volume. D'après cela, on demande le volume et le poids de l'eau que donnera, en se fondant, un bloc de glace rectangulaire qui a 0 mètre 85 de longueur, 0 mètre 60 de largeur et 0 mètre 10 d'épaisseur

706 Un marchand de blé a rempli les 5/9 d'un grenier de 6 mètres 20 de long, 4 mètres 50 de large et 3 mètres 25 de haut, avec du blé qui lui revient à 25 fr. l'hectolitre. Combien ce blé lui a-t-il coûté en tout, et combien doit-il revendre l'hectolitre, sachant qu'il veut gagner 12 % et qu'au moment de la livraison il y a 0,03 de déchet sur la totalité ?

707 On veut carreler une cuisine, ayant 4 mètres 60 de long sur 3 mètres 80 de large, avec des briques carrées de 0 mètre 20 de côté. Combien faudra-t-il de briques et quelle sera la dépense totale, sachant que le mille de briques coûte 95 fr. et que la pose revient à 1 fr. 25 le mètre carré ?

708 Une boîte a 1 mètre 50 de haut, 0 mètre 71 de large et 0 mètre 80 de long. Toutes ces dimensions étant prises à l'intérieur, on demande quelle sera la hauteur de la partie vide, quand on aura versé le contenu de 5 sacs de blé dont chacun a une capacité de 1 hectolitre 12 ?

709 Au moyen d'une machine on fabrique 1 500 briques par heure. Quel est le poids de briques que l'on peut obtenir par jour avec cette machine, sachant que les dimensions de ces briques sont 0 mètre 26, 0 mètre 14 et 0 mètre 06, et que le mètre cube pèse 2 170 kilogr. ? La machine travaille 14 heures par jour.

710 Un propriétaire a fait assurer sa maison, estimée 17 600 fr., à raison de 0 fr. 30 pour cent, et son mobilier, estimé 3 800 fr., à raison de 0 fr. 60 pour cent. Que doit-il payer pour la prime d'assurance, si l'on y comprend 8 pour cent de la prime pour l'impôt ?

711 Si pour avoir un titre de rente de 5 fr. on doit payer 102 fr. 40, combien aura-t-on de rente avec 28 195 fr. 20, sachant que l'on doit payer à l'agent de change 1/8 pour cent sur le prix d'achat ?

712 On veut recouvrir d'ardoises un toit de 8 mè-

tres 60 de long sur 5 mètres 40 de large. La superficie de chaque ardoise est de 2 décimètres carrés, mais un quart de cette surface se trouve perdue dans le recouvrement. On demande de calculer la dépense totale, sachant : 1° que ces ardoises sont achetées 24 fr. le mille; 2° que 60 par mille ne peuvent être utilisées; 3° que, pour la pose, il est au couvreur 0 fr. 40 par mètre carré.

713 Une personne achète, à raison de 1 200 fr. les 50 ares, un champ rectangulaire de 600 mètres de pourtour et dont la largeur est le $1/3$ de la longueur; elle s'acquitte de suite, et donne en payement un billet de 4 500 fr. payable au bout de 4 mois. Combien doit-on lui rendre, l'escompte du billet étant calculé à 6 $^0/_0$?

714 Une chambre rectangulaire a 4 mètres 75 de longueur et 3 mètres 90 de largeur. Combien faudrait-il de mètres d'une moquette de 0 mètre 65 de largeur pour un tapis qui couvrirait entièrement le parquet de cette chambre? Que coûterait ce tapis, à 4 fr. 25 le mètre de moquette, si le marchand faisait un escompte de $1/_2$ p. $^0/_0$?

715 Un marchand a acheté pour la somme de 4 000 fr. le bois de chauffage qui remplit aux $2/_3$ un magasin dont les dimensions sont 5 mètres, 7 mètres et 9 mètres. Combien doit-il revendre 5 400 kilogr. de ce bois pour faire sur cette vente un bénéfice de 12 p. $^0/_0$? Un stère de ce bois pèse 680 kilogr.

716 On veut tapisser un appartement de 4 mètres 5 de long, de 3 mètres 6 de large et de 3 mètres de haut. Quelle sera la dépense, si l'on emploie du papier coûtant 3 fr. le rouleau de 8 mètres de long et de 0 mètre 6 de large, les portes, les fenêtres et la cheminée formant $1/_6$ de la surface totale?

717 Une citerne, ayant 3 mètres 40 de long, 1 mètre 7 de large et 2 mètres 7 de profondeur, est pleine de vin jusqu'aux $3/_5$ de sa hauteur; ce vin

est vendu à raison de 44 fr. 50 l'hectolitre, et le prix en est placé à 6 p. $^0/_0$ par an. On demande quel revenu mensuel s'est ainsi créé le propriétaire?

718 Un charretier qui a deux tombereaux fait deux voyages par jour et transporte 3 mètres cubes de gravier en trois tombereaux. Il entreprend le transport d'un tas de gravier ayant 8 mètres 50 de longueur, 5 mètres 65 de largeur et 1 mètre 17 de hauteur; le charroi lui est payé à raison de 5 fr. 50 le mètre cube. Combien mettra-t-il à faire ce travail et combien recevra-t-il en totalité?

719 Votre père possède un champ de forme rectangulaire ayant 367 mètres de long et 59 mètres de large, dont les $^4/_7$ sont en luzerne et le reste en blé. Il compte que 8 ares de luzerne produisent 230 kilogr. de fourrage, vendus à raison de 7 fr. 50 les 100 kilogr., et que 6 ares de blé donnent 85 litres de grain du prix de 22 fr. 50 l'hect. Il vous demande le prix total de la récolte.

720 Un maçon doit construire un mur, ayant 82 mètres 25 de longueur, 2 mètres 10 de hauteur et 0 mètre 40 d'épaisseur, à raison de 3 fr. 20 le mètre cube pour la main-d'œuvre. Il compte employer à cette construction un ouvrier et un manœuvre travaillant avec lui. Comme il ne sait pas calculer, il vous prie de lui dire dans combien de jours ils doivent faire ce travail pour que la journée du maître revienne à 3 fr. 75, celle de l'ouvrier à 3 fr. et celle du manœuvre à 2 fr. 25.